Welche **Pflanze** passt wohin?

Thomas Hagen
Ursel Borstell
Welche Pflanze passt wohin?
Die besten Arten für Ihren Garten

GARTENTHEMEN

STANDORTE

LIEBLINGSFARBEN

BEGLEITPFLANZEN

GARTENSTILE

JAHRESZEITEN

Einführung

»Was soll ich nur neben diese Rose setzen? Das Beet hat eine unschöne Lücke, die unbedingt bepflanzt werden muss! Der Neuzugang darf meiner Rose natürlich nicht die Schau stehlen; muss sie dezent unterstreichen. Ob Sommerblumen das Richtige sind? Oder lieber ein Bodendecker? Wenn ich nur wüsste, was hier am besten passt...!«

Kennen Sie dieses Problem? Im Normalfall nimmt man in solchen Fällen den Katalog einer Gärtnerei zur Hand oder ein gutes Gartenbuch. Doch die Vorfreude, dort sicher rasch das Richtige zu finden, ebbt meist schnell ab, wandelt sich in Enttäuschung oder Hilflosigkeit – weil die Pflanzen stets nach Alphabet geordnet sind statt nach ihren Verwendungsmöglichkeiten. Also heißt es: Blättern, Lesen, Ankreuzen und Vergleichen. Es dauert, bis man nach langem Suchen »seine« Pflanze gefunden hat, endlich den Weg in die Gärtnerei antreten kann – die dann das Gewünschte oft nicht im Sortiment führt.

Dieses Buch macht es Ihnen leichter! Sie schlagen einfach unter Ihrer speziellen Problemstellung nach und finden sofort die Lösung: eine ansprechende Auswahl geeigneter Pflanzen. Ob Sie einen Schattengarten, zu trockenen Boden oder auch nur wenig Gärtner-Erfahrung haben – an all diese Situationen ist hier gedacht. Auch wenn Sie »nur« ein Beet ausschließlich in Ihrer Lieblingsfarbe anlegen möchten oder einzelne Gartenbereiche z. B. im Herbst attraktiv aufwerten wollen, kann Ihnen unser Buch helfen.

Was Sie dabei wissen sollten: Grundsätzlich stellen wir für jede Wunsch- bzw. Problemsituation geeignete Pflanzen vor. Natürlich kann dies nur eine begrenzte Auswahl sein, da wir aus Platzgründen nicht alle Arten aufführen können. Dafür werden hier vor allem diejenigen Pflanzen gezeigt, die in Gärtnereien oder Gartencentern meist leicht zu bekommen sind.

Auch mit ganz wenigen Elementen – hier vor allem Zier-Lauch und Katzenminze – gelingen schöne Gestaltungen, wenn man sie nur bewusst einsetzt.

Was setzt man am besten in eine Lücke? Und was passt gut zusammen? Dieses Buch soll Ihnen helfen, herrlich blühende Rabatten wie diese zu zaubern.

Was Sie unbedingt wissen müssen: Manche Gartenpflanzen sind für mehrere Verwendungsmöglichkeiten geeignet. So wird z. B. die Kosmee als klassische Bepflanzung für einen ländlichen Garten genannt, ihre weiße Sorte 'Sonata Weiß' zusätzlich auch für einen weißen Garten empfohlen. Das heißt, Sie finden in diesem Buch einige Arten mehrfach – dann aber mit unterschiedlichen Sortenempfehlungen.

Wir haben für Sie mitgedacht: Sind bestimmte Sorten für einen Verwendungszweck ausgesprochen gut geeignet, weisen wir Sie ausdrücklich darauf hin; sprechen wir dagegen keine Sortenempfehlungen aus, können Sie einfach nach persönlichem Geschmack entscheiden. Das Gartenleben ist bunt, die Vielfalt groß: Deshalb bekommen Sie meist auch den genauen Namen genannt, sollte auf dem Bild einmal eine ganz besondere Sorte zu sehen sein (»Foto«).

Auf einfachem Weg zum Gartenerfolg: Dabei wollen wir Ihnen helfen, das ist unser Ziel. Mit diesem Buch halten Sie den Schlüssel dazu in Ihrer Hand. Nutzen Sie es wie ein unkompliziertes Nachschlagewerk – oder wie einen persönlichen Freund mit reicher Gärtner-Erfahrung: Bei einem Problem fragen Sie einfach auf den entsprechenden Seiten nach – und erhalten sofort die passende Antwort.

Erklärungen zu den Porträts

Symbolleiste: Hier finden Sie Angaben zur Pflanzengruppe, zur Wuchshöhe, Blütezeit und dem bevorzugten Standort.

Pflanzengruppe: ☉ ☺ ein- oder zweijährige Sommerblume, **S** Staude, **Z** Zwiebelblume, **G** Gras, **F** Farn, **K** Kletterpflanze, **HStr** Halbstrauch, **Str** Strauch, **H** Hecke, **B** Baum.

Wuchshöhe: Die Porträts sind nach einfachen Wuchshöhengruppen sortiert: ⬆ = über hüfthoch, ⬆ = bis hüfthoch, ⬆ = bis kniehoch. Zusätzlich finden Sie hier die durchschnittliche Wuchshöhe in Zentimetern.

Blütezeit: ✿ 5–7 = blüht von Mai bis Juli.

Standort: ☀ = sonnig, ◑ = halbschattig, ● = schattig.

Pflege: Wenn die Pflege über das normale Maß hinausreicht, finden Sie hier die dazu notwendigen Angaben und wichtige Bemerkungen.

Pflegeleichte Anfängerpflanzen

Ohne große Mühe und Fachkenntnisse sollen sie gedeihen, Freude sollen sie machen schon gleich zu Beginn. Da aller Anfang schwer ist, wünschen sich Gartenneulinge vor allem Pflanzen, die besonders leicht zu pflegen sind – schließlich will man nach getaner Arbeit auch gute Ergebnisse sehen. Was zeichnet solche Pflanzen aus, gibt es sie überhaupt? Tatsächlich stehen sogar einige zur Auswahl bereit, von denen wir die besten hier vorstellen. Sie alle zeichnen sich dadurch aus, dass ihnen weder ungenügende Boden-, noch ungünstige Witterungsverhältnisse wirklich zu schaffen machen.

Zudem verzeihen sie auch ein gewisses Maß an Pflegefehlern. Natürlich darf man sie nicht ganz sorglos behandeln oder sie völlig sich selbst überlassen. Sie brauchen – wie alle Pflanzen – ein gewisses Maß an Pflege, aber eben nur wenig, um uns im Sommer mit reicher Blütenfülle zu belohnen und uns so einen ersten Gartenerfolg zu bescheren.

Ideal für Anfänger: Eine gruppenweise Pflanzung aus nur wenigen, pflegeleichten Arten.

1 Sonnenauge
Heliopsis helianthoides

S | ↕ 80–150 | ✿ 7–9 | ☀

Pflegearme, lange blühende Prachtstaude.
Wuchs: Große, breite Horste mit spitz eiförmigem dunkelgrünem Laub.
Blüte: Zahlreiche große, gelbe, je nach Sorte auch gefüllte Körbchenblüten.
Pflege: Verblühtes ausschneiden, um die Blütezeit zu verlängern; bei Bedarf etwas stützen.
Verwendung: Langlebiger Klassiker für das Sommer- und Herbstbeet. Gute Schnittblume!

Sorten: 'Goldgefieder', goldgelb, gefüllt, 130 cm; 'Venus', orangegelb, ungefüllt, 150 cm.

2 Sonnenbraut
Helenium-Hybriden

S | ↕ 80–150 | ✿ 6–9 | ☀

Prächtige, pflegeleichte Sommerstaude.
Wuchs: Große Horste, Triebe mit lanzettlichen Blättern.
Blüte: Breite Strahlenblüten in warmen Farben um eine kugelförmige, braune Mitte.
Pflege: Bei anhaltender Trockenheit wässern, höhere Sorten stützen.
Verwendung: Im sonnigen Staudenbeet auf nicht zu trockenen Böden. Vielfältig kombinierbar.

Sorten: 'Moerheim Beauty', kupferrot, 80 cm; 'Zimbelstern', goldgelb, 120 cm; 'Baudirektor Linne', rotbraun, 120 cm.

3 Kosmee, Schmuckkörbchen
Cosmos bipinnatus

☉ | ↕ 60–140 | ✿ 7–10 | ☀

Dankbarer Langzeitblüher mit duftigen Blüten.
Wuchs: Aufrechte, steife, oberwärts verzweigte Stängel mit nadelfein zerteiltem Laub.
Blüte: Große Schalenblüten in Rosa, Karminrot oder Weiß, die Randblüten teils eingerollt.
Pflege: Aussaat ins Freie ab Ende April. Verblühtes laufend ausschneiden; bei Bedarf stäben.
Verwendung: In Gruppen, zu vielen Stauden und Sommerblumen kombinierbar, auch zu Rosen.

Scheinaster
Boltonia asteroides

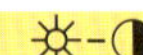

| S | ⬆ 80–120 | ✿ 8–10 | ☀–◐ |

Unkomplizierte, blütenreiche Astern-Verwandte.
Wuchs: Breitbuschige Horste aus reich verzweigten Trieben mit lanzettlichen Blättern.
Blüte: Duftige, kleine Körbchenblüten in dichten Rispen in Weiß, Rosa oder Violett.
Pflege: Triebe bei Bedarf etwas stützen.
Verwendung: Schön zusammen mit Kosmeen, Sonnenhut und Sonnenauge.

Sommer-Aster
Aster × frikartii

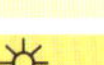

| S | ⬆ 60–80 | ✿ 7–9 | ☀ |

Pflegeleichte Beetstaude, die sehr lange blüht.
Wuchs: Kompakte, breite Horste aus aufrechten Trieben mit schlanken Blättern; kurze Ausläufer.
Blüte: Violette Körbchenblüten mit gelber Mitte an den verzweigten Triebenden.
Pflege: Bei Trockenheit wässern. Am besten im Frühjahr pflanzen.
Verwendung: Schön zu Rot- und Weißtönen und zu Gräsern.

Sorten: 'Mönch', blauviolett; 'Wunder von Stäfa', hellviolett.

Garten-Margerite
Leucanthemum-Superbum-Gruppe

| S | ⬆ 60–90 | ✿ 6–7/9 | ☀ |

Einfach, aber wirkungsvoll mit langer Blütezeit.
Wuchs: Breite Horste aus meist aufrechten Trieben mit lanzettlichen, gezähnten Blättern.
Blüte: Große weiße Margeritenblüten, auch gefüllt.
Pflege: Ausreichend wässern und düngen; bei Bedarf stützen. Rückschnitt nach der Blüte sorgt für zweite Nachblüte. Feuchte Standorte meiden.
Verwendung: Gruppenweise. Das Weiß lässt sich wunderbar mit allen anderen Tönen kombinieren.

Sorten: 'Christine Hagemann', gefüllt, gelbgrüne Mitte, reichblütig, 80 cm; 'Gruppenstolz', ungefüllt, standfest, 60 cm.

4 Sonnenhut
Rudbeckia fulgida 'Goldsturm'

S | ⬆ 50–80 | ✿ 7–9 | ☀

Pflegeleichter Dauerblüher im Sommerbeet.
Wuchs: Straff aufrecht mit breit lanzettlichen Blättern, bildet breite Horste.
Blüte: Gelborange Strahlenblüten um eine schwarzbraune, kugelige Mitte.
Pflege: Bei Trockenheit gießen. Verblühte Triebe zurückschneiden, um die Blüte zu verlängern.
Verwendung: In Gruppen. Gut mit Gräsern und vielen anderen Stauden zu kombinieren.
Hinweis: Über Winter stehen lassen.

5 Pracht-Storchschnabel
Geranium × magnificum

S | ⬆ 40–60 | ✿ 6–7 | ☀-◐

Üppiger Blüher für leuchtende Farbakzente.
Wuchs: Kräftige Horste, große, handförmige Blätter.
Blüte: Große, leuchtend blauviolette Schalen in üppiger Fülle.
Pflege: Kräftiger Rückschnitt nach der Blüte, um die Horste kompakt zu halten.
Verwendung: Am Gehölzrand oder im Beet, passt wunderbar zu anderen kräftigen Blütenfarben.

6 Purpur-Fetthenne
Sedum telephium

S | ⬆ 50–60 | ✿ 8–10 | ☀

Eine pflegeleichte, echte Anfängerstaude.
Wuchs: Breite Horste aus aufrechten, mit fleischigen, ovalen, graugrünen Blättern besetzten Trieben.
Blüte: Klein, sternförmig, in schirmförmigen Dolden über den Trieben; altosa bis rostrot gefärbt.
Pflege: Braucht keine besondere Pflege. Rückschnitt erst im Frühjahr, da auch im Winter zierend.
Verwendung: Vielseitiger Beetbegleiter.

Sorten: 'Herbstfreude', braunrot; *S.*-Hybride, 'Matrona' (Foto), rosa, lange attraktiv.

Taglilie
Hemerocallis-Hybriden

  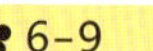 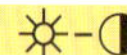

S | 🡑 50–80 | ❀ 6–9 | ☀–◐

Reiche Blüte bei wenig Pflegeaufwand.
Wuchs: Breite Horste mit grasförmigen Blättern.
Blüte: Trichterförmig, in Gelb-, Orange- und Rottönen. Die Einzelblüte hält nur einen Tag, doch treiben laufend neue Knospen.
Pflege: Stiele nach der Blüte ausschneiden.
Verwendung: In Gruppen auf nicht zu trockenen Böden; auf Beeten, am Gehölz- und Teichrand; schön mit Storchschnabel, Gräsern.

Sorten/Wildarten: Großes Sortenspektrum in vielen Farben. *H. lilioasphodelus* (Syn.: *H. flava;* Foto), zitronengelb, 80 cm.

Sommer-Salbei
Salvia nemorosa

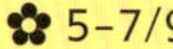 

S | 🡑 40–70 | ❀ 5–7/9 | ☀

Pflegeleicht und ebenso lang wie üppig blühend.
Wuchs: Aufrechte Horste mit eiförmigen, mattgrünen Blättern.
Blüte: Blaue oder violette, selten weiße Lippenblüten in dichten Kerzen an den Triebenden.
Pflege: Scharfer Rückschnitt nach der Blüte sowie leichte Düngung regen die Zweitblüte an.
Verwendung: Guter Begleiter zu Rosen und vielen Beetstauden.

Sorten: 'Adrian', weiß; 'Amethyst' (Foto), amethystviolett; 'Blauhügel', mittelblau; Ostfriesland', violettblau.

Katzenminze
Nepeta × *faassenii*

S | 🡑 30–60 | ❀ 5–9 | ☀

Problemlose Begleitpflanze mit langer Blütezeit.
Wuchs: Breitbuschige Horste aus bogigen Trieben mit graugrünen, aromatischen Blättern.
Blüte: Kleine lila, selten weiße Lippenblüten in dichten Quirlen an den Triebenden.
Pflege: Rückschnitt nach der Blüte fördert die Zweitblüte. Nur mäßig düngen.
Verwendung: Als Beeteinfassung und Rosenbegleiter, passt zu vielen Beetstauden für die Sonne.

4 Ringelblume
Calendula officinalis

⊙   ⇧ 30–60   ✿ 6–10   ☀

Unkomplizierter Langzeitblüher.
Wuchs: Breite Büsche aus etwas staksig verzweigten Trieben mit länglich ovalem Laub.
Blüte: Gelbe oder orange, einfache oder gefüllte Körbchenblüten in reicher Fülle.
Pflege: Aussaat ins Freiland ab März. Für anhaltende Blüte Abgeblühtes ausschneiden; letzte Blüten für die Selbstaussaat ausreifen lassen.
Verwendung: Niedrige Sorten eingestreut im Beet; schön zu Kosmeen, Rittersporn, Salbei.

5 Lampenputzergras
Pennisetum alopecuroides

G   ⇧ 40–100   ✿ 8–10   ☀

Grazil und elegant – so liebt man Gräser.
Wuchs: Große, halbkugelige Horste mit bogig überhängenden Blättern, gelbliche Herbstfarbe.
Blüte: Walzenförmige rotbraune Ähren an langen Stielen zwischen und über dem Laub sitzen.
Pflege: Ausreichend wässern. Rückschnitt der schönen Winterwirkung wegen erst im Frühjahr.
Verwendung: Sehr vielseitig verwendbar, im Beet, als Solitär, auch mit Rosen und am Teich.

Sorten: 'Compressum', etwas kompakter, schöne gelbbraune Herbstfarbe; Hameln', kompakt, früher und reicher blühend.

6 Ruten-Hirse
Panicum virgatum

G   ⇧ 60–150   ✿ 7–9   ☀

Herbstfärbung wie im Indian Summer.
Wuchs: Aufrechte Horste mit schmal linealischen Blättern, die sich je nach Sorte ab Spätsommer goldgelb bis tiefrot verfärben.
Blüte: Perlförmig in reich verzweigten, feinstieligen Rispen hoch über dem Laubhorst.
Pflege: Keine besondere Pflege nötig.
Verwendung: Als Begleiter im Staudenbeet.

Sorten: 'Hänse Herms', leuchtend rot; 'Strictum', steifer aufrecht und höher, ockergelb.

Solitärpflanzen als Blickpunkte

Riesenpflanzen, die alle Blicke auf sich ziehen, imposante Gestalten, die eine ganze Gartenkulisse dominieren – das sind sogenannte Solitärpflanzen. Da sie alle Aufmerksamkeit allein für sich beanspruchen, kann man sie nur schwer integrieren oder kombinieren – außer mit ihresgleichen. Bei ihnen geht es vielmehr darum, dass sie einen guten Standort bekommen mit genügend Raum, um ihre ganze Schönheit und Pracht richtig zu entfalten.

Geeignete Stellen sind z. B. neben dem Eingang oder im Vorgarten, an Sitzplatz oder Teichufer, an einer Weggabelung oder im Zentrum eines Rondells.

Solitärpflanzen sind zwar als Partner schwierig, gesteht man ihnen aber die notwendige Solistenrolle zu, ist der Erfolg sicher: Schon eine einzelne Pflanze sorgt als Blickpunkt für so viel Atmosphäre, dass ein ganzer Bereich dadurch gewinnt. Sie erfüllen damit eine ähnliche Funktion wie ein als Akzent gesetztes Kunstwerk oder ein außergewöhnliches Pflanzgefäß. Lassen Sie sich also von den Starqualitäten dieser Pflanzen nicht abschrecken, sondern stattdessen Ihrer Schöpferfreude freien Lauf. Und wählen Sie den passenden Charakter für Ihren Garten: Königskerzen verzaubern mit natürlichem Charme, Federmohn schafft Asia-Flair, Palmlilien vermitteln Mittelmeer-Feeling, Riesen-Federgras bürgt für Zartheit und Romantik.

Solitärpflanzen sollten als eindrucksvoller Blickfang wirken, wie diese Königskerze.

1 Fallschirm-Rudbeckie
Rudbeckia nitida

S ⬆ 160–200 ❀ 7–9 ☼

Imposanter Solitär als Beethintergrund.
Wuchs: Horstartige Riesenstaude mit straffen Trieben und großen, breit-lanzettlichen Blättern.
Blüte: Große gelbe Körbchenblüten mit hängenden Randblüten und grünlicher Mitte.
Pflege: Ausreichend wässern, bei Bedarf stützen.
Verwendung: Einzeln als Solitär oder als Hintergrund im Beet oder am Zaun.

Sorten: 'Herbstsonne', gelb mit grüner Mitte; 'Juligold', goldgelb.

2 Kandelaber-Königskerze
Verbascum olympicum

☉ ⬆ 120–200 ❀ 6–9 ☼

Blüten-Kandelaber für pralle Sonne.
Wuchs: Im 1. Jahr eine dichte Grundblattrosette, aus der im 2. Jahr der straffe Blütentrieb sprießt.
Blüte: Gelb, zahlreich, in dichten, kandelaberartig verzweigten Trauben.
Pflege: Schwere Böden meiden.
Verwendung: Einzeln an sonnigen Plätzen auf durchlässigen Böden.
Hinweis: Neben der genannten eignen sich auch weitere Königskerzen-Arten für sonnige Plätze.

3 Gefleckter Wasserdost
Eupatorium maculatum (Syn.: *E. fistulosum*)

S ⬆ 130–200 ❀ 7–10 ☼-◑

Üppig blühender Staudenriese.
Wuchs: Mächtige Horste aus straff aufrechten rötlichen Stängeln und Quirlen lanzettlicher Blätter.
Blüte: Kleine rosa oder weiße Körbchenblüten in dichten, kuppelförmigen, großen Doldenrispen.
Pflege: Bei anhaltender Trockenheit wässern.
Verwendung: Einzeln als Blickfang im Beet-Hintergrund, vor Gehölzen oder am Teich.

Sorten: 'Album', weiß; 'Atropurpureum' (Foto), weinrot.

Federmohn
Macleaya cordata

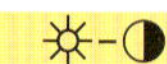

S | ↑ 200–300 | ✿ 7–8 | ☼-◑

Ungewöhnlicher Blickfang mit hohem Zierwert.
Wuchs: Hohe Horste aus steif aufrechten, wenig verzweigen Trieben mit rundlichen, gelappten, blaugrünen Blättern. Bildet Ausläufer.
Blüte: Winzig, cremefarben bis rosa, in sehr großen kegelförmigen Rispen an langen Stielen.
Pflege: Bei anhaltender Trockenheit wässern. Ausläufer abstechen.
Verwendung: Als Sichtschutz zum Verdecken unschöner Stellen, in Gewässernähe oder am Haus.
Hinweis: Beim Austrieb nur 5-7 Triebe belassen.

Wald-Geißbart
Aruncus dioicus

S | ↑ 150–200 | ✿ 6–7 | ◑-●

Wertvolle, imposante Schattenstaude.
Wuchs: Große Horste mit aufrechten Trieben und gefiedertem Laub.
Blüte: Zart und cremefarben, in großen, leicht überhängenden Rispen über den Blättern.
Pflege: Einmal eingewachsen, nicht mehr nötig.
Verwendung: Einzeln am Gehölzrand.
Hinweis: Männliche Pflanzen bevorzugen, sie blühen reiner weiß und duftiger.

Palmlilie
Yucca filamentosa

S | ↑ 120–180 | ✿ 7–9 | ☼

Eindrucksvoller Exot aus Trockenregionen.
Wuchs: Dichter Horst aus schwertförmigen, blaugrünen Blättern, aus dessen Mitte sich der steife Blütentrieb erhebt; immergrün.
Blüte: Groß, weiß, glockenförmig, in länglicher Rispe hoch über der Blattrosette; duftend.
Pflege: Mineralisch düngen, vor Winternässe schützen.
Verwendung: Einzeln oder in Gruppen, auf eher trockenen, durchlässigen Böden.
Hinweis: Benötigt einige Jahre bis zur Blüte.

4 Bronze-Schaublatt
Rodgersia podophylla

S	⬆ 80–150	✿ 6–7	◐-●

Prächtige Blattschmuckstaude für den Schatten.
Wuchs: Breite, üppige Horste mit sehr großen, handförmig geteilten, beim Austrieb bronzefarbenen Blättern.
Blüte: Klein, weißlich, in üppigen, kegelförmigen Rispen über dem Laub.
Pflege: Bei Bedarf wässern und düngen. Verblühtes entfernen.
Verwendung: Als Einzelpflanze vor Gehölzen, am Teich oder an einem schattigen Platz.

Sorten: 'Rotlaub' (Foto), junge Blätter rotbraun.

5 Pampasgras
Cortaderia selloana

G	⬆⬆ 150–250	✿ 9–10	☀

Riesenblüten aus der argentinischen Pampa.
Wuchs: Rundliche Blatthorste aus sehr schmalen, langen Blättern, weit überragt von den stattlichen Blütenständen.
Blüte: Sehr große silberweiße Rispe auf straffen Stielen, nur zur Blütezeit ausgebreitet.
Pflege: Winterlicher Nässeschutz durch Zusammenbinden der Blätter nach oben und eine trockene Umhüllung.
Verwendung: Einzeln als prägende Gartengestalt.
Hinweis: Im Frühjahr pflanzen!

6 Riesen-Federgras
Stipa gigantea

G	⬆ 150–200	✿ 6–9	☀

Duftige Gräsergestalt im Riesenformat.
Wuchs: Horste aus schmalen, leicht überhängenden Blättern und von sehr großen Blütentrieben.
Blüte: Lang begrannt in gestreckten, sehr großen Rispen an festen Stielen; goldbrauner Herbst.
Pflege: In rauen Gegenden Winterschutz geben.
Verwendung: Böden eher mager und trocken als zu nährstoffreich und schwer wählen.
Hinweis: Gut haltbare Schnittblume.

Dauerblüher für den sonnigen Garten

Wer wünscht sich das nicht? Gartenpflanzen, die den ganzen Sommer lang unermüdlich blühen, uns mit permanenter Blütenfülle reich beschenken. Mit ihnen würde das aufwändige Auswählen und Kombinieren verschiedener Pflanzenarten überflüssig werden – eine zwar kreative, oft aber etwas mühsame Herausforderung, will man ein Beet die gesamte Gartensaison attraktiv und ansehnlich gestalten.

Leider bieten weder Natur noch Züchtung eine große Anzahl solcher Pflanzen an, sodass man um eine intensivere Planung nicht ganz herumkommt.

Dennoch gibt es einige Staudenarten, die äußerst lange bzw. fast ununterbrochen blühen. Auf den folgenden Seiten stellen wir einige dieser kleinen Naturwunder vor, die uns unser Leben leichter machen. Sie sollten im Staudenbeet als eine Art tragendes Gerüst eingesetzt werden, um das sich andere Arten mit kürzerer Blühzeit gruppieren.

Prachtkerze (vorne) und Schleier-Eisenkraut (links) sind wunderbare Dauerblüher, die als tragendes Gerüst im Staudenbeet fungieren.

1 Schleier-Eisenkraut
Verbena bonariensis

☉ | ⇑ 80–120 | ✿ 7–10 | ☀

Violette Blütenschleier schweben über dem Beet.
Wuchs: Straff aufrechte Horste mit sparrig verzweigten Trieben.
Blüte: Klein, violett, sehr zahlreich, in dichten Dolden an den Triebspitzen.
Pflege: Eigene Aussaat nicht zu empfehlen. Braucht keine besondere Pflege. Staunässe meiden.
Verwendung: Gruppenweise im Beet, zusammen mit niedrigeren Stauden oder Sommerblumen.

2 Prachtkerze, Gaura
Gaura lindheimeri

S | ⇑ 60–100 | ✿ 7–10 | ☀

Duftiger Dauerblüher mit eleganten Blütenkerzen.
Wuchs: Buschige Horste aus locker aufrechten, mit lanzettlichen Blättern besetzten Trieben.
Blüte: Klein, sternförmig, weiß oder rosa, in lockeren länglichen Trauben an den Stängelenden.
Pflege: Leichten Winterschutz geben.
Verwendung: In Gruppen auf mäßig trockenen, durchlässigen Böden. Passt zu vielen Blütenstauden; schön auch mit Rosen und Gräsern.
Hinweis: Lässt sich auch gut im Kübel halten.

3 Sommer-Aster
Aster × frikartii

S | ⇑ 60–80 | ✿ 7–9 | ☀

Sehr lange blühende, standfeste Sommer-Aster.
Wuchs: Kompakte, breite Horste aus aufrechten Trieben mit schlanken Blättern; kurze Ausläufer.
Blüte: Violette Körbchenblüten mit gelber Mitte an den verzweigten Triebenden.
Pflege: Bei Trockenheit wässern. Am besten im Frühjahr pflanzen.
Verwendung: Problemlose Beetstaude, schön zu Gräsern und als Schnittblume.

Sorten: 'Mönch', großblütig, blauviolett; 'Wunder von Stäfa', hellviolett.

Gold-Garbe
Achillea filipendulina

S	⇧ 70–120	✿ 6–9	☀

Langzeitblüher für bunte Staudenrabatten.
Wuchs: Aufrechte Horste mit straffen Stielen und fein gefiedertem, graugrünem Laub.
Blüte: Schirmförmige Teller aus winzigen Körbchenblüten in Gelbtönen, Hybriden auch in Rot und Orange.
Pflege: Verblühtes ausschneiden. Nur mäßig düngen.
Verwendung: Sehr schön zu blau blühenden Arten.
Hinweis: Haltbare Schnitt- und Trockenblume.

Sorten: 'Parker's Variety', leuchtend gelbe, kompakte Dolden, 120 cm.

Spornblume
Centranthus ruber

S	⇧ 50–70	✿ 6–9	☀

Anspruchsloser, pflegeleichter Dauerblüher.
Wuchs: Reich verzweigt mit graugrünen, eiförmigen Blättern.
Blüte: Karminrot, in etagenartigen Rispen.
Pflege: Blütenstände zurückschneiden.
Verwendung: Für trockenere, auch steinige Böden. Sehr schön zu Gräsern und im Steppenbeet.

Nadelblättriges Mädchenauge
Coreopsis verticillata

S	⇧ 30–60	✿ 6–9	☀

Blütensterne den ganzen Sommer lang!
Wuchs: Breitbuschige Horste mit aufstrebenden Trieben und nadelförmigen Blättern.
Blüte: Große gelbe Sternblüten.
Pflege: Benötigt kaum Pflege. Bei anhaltender Trockenheit wässern.
Verwendung: Gut kombinierbare Rabattenstaude, etwa zu Steppen-Salbei, Sonnenhut, Rittersporn.

Sorten: 'Grandiflora', goldgelb, 60 cm, 'Moonbeam' (Foto), schwefelgelb, 40 cm.

4 Sommer-Salbei
Salvia nemorosa

S | ⇡ 40–70 | ✿ 5–7/9 | ☼

Anhaltend farbkräftige Blütenflächen im Beet.
Wuchs: Aufrechte Horste mit eiförmigen, matt-grünen Blättern.
Blüte: Blaue oder violette, selten weiße Lippen-blüten in dichten Kerzen an den Triebenden.
Pflege: Scharfer Rückschnitt nach der Blüte sowie leichte Düngung regen die Zweitblüte an.
Verwendung: Guter Begleiter zu Rosen und vie-len Beetstauden.

Sorten: 'Adrian', weiß; 'Blauhügel' (Foto hinten), mittelblau; 'Ostfriesland' (Foto vorne), violettblau.

5 Katzenminze
Nepeta × faassenii

S | ⇡ 30–60 | ✿ 5–9 | ☼

Violetter, duftender Dauerblüher.
Wuchs: Breitbuschige Horste aus bogigen Trie-ben mit graugrünen, aromatischen Blättern.
Blüte: Kleine violette, selten weiße Lippenblüten in dichten Quirlen an den Triebenden.
Pflege: Rückschnitt nach der Blüte fördert die Zweitblüte. Nur mäßig düngen.
Verwendung: Schön als Rosenbegleiter und als Beeteinfassung, sehr vielseitig kombinierbar.
Hinweis: Katzen lockt der Duft!

6 Pyrenäen-Storchschnabel
Geranium endressii

S | ⇡ 30–50 | ✿ 6–8 | ☼-◑

Andauernde Blüte und schmucker Laubteppich.
Wuchs: Flächig, mit kriechenden, teils klettern-den Trieben und handförmigen Blättern.
Blüte: Klein, klares Rosa,
Pflege: Bei Bedarf zurückschneiden, um ein Aus-einanderfallen der Horste zu verhindern.
Verwendung: Als Flächendecker vor und unter Gehölzen, zusammen mit anderen Storchschna-bel-Arten und Gräsern.

Begleiter für die Königin der Blumen

Jede Königin braucht ihren Hofstaat. So auch die »Queen« der Gärten, die Rose: Erst mit den passenden Gardisten kommt sie gut zur Geltung. Dennoch ist vornehme Zurückhaltung angesagt, denn keine Rose mag es, wenn sie bedrängt wird. Als direkte Nachbarn eignen sich daher nur Pflanzen, die sich nicht stark ausbreiten und nicht tief wurzeln.

Auch die Farbe der benachbarten Blühpflanzen spielt eine wichtige Rolle. Weiße und rosa Rosen lassen sich mit fast allem kombinieren, aber rote Rosen harmonieren nur mit Weiß- oder Blaublütern. Ein weiteres Auswahlkriterium für die Begleiter sollte deren Wuchsform sein. Rosensträucher und ihre Blüten sind – mit Ausnahme der Kletterrosen – rundlich geformt. Senkrecht aufragende Pflanzen bilden dazu einen guten Kontrast. Deshalb ist z. B. der Rittersporn als »Rosenkavalier« perfekt. Aber auch Gräser sind ideale Begleiter: Mit ihren braunen Halmen und Rispen passen sie zu allen Blütenfarben, der grazile Habitus unterstreicht die Gestalt der Rosen ideal.

Die kühlen Blautöne des Rittersporns passen ideal zu vielen Rosen, weiße Blüten runden die Gestaltung ab.

1 Rittersporn
Delphinium-Hybriden

S   ⬆ 80–200   ❀ 6–8/9   ☀

<u>Der</u> Rosenkavalier unter den Stauden.
Wuchs: Straff aufrechte Horste, Blätter handförmig zerteilt.
Blüte: Lockere bis sehr dichte Kerzen aus gespornten Blüten in Blautönen, Rosa oder Weiß.
Pflege: Austrieb vor Schneckenfraß schützen. Hohe Sorten stützen. Nach der Blüte bis auf 10 cm zurückschneiden, dann zweite Blüte.
Verwendung: Einzeln oder in kleinen Gruppen, auf Beeten und Rabatten. Wunderbar zu Rosen!

Sorten: Elatum-Hybriden, dichtblütig, 120–200 cm; Pacific-Hybriden, groß- und dichtblütig, weniger standfest, 150–180 cm.

2 Kerzen-Ehrenpreis
Veronica longifolia

S   ⬆ 50–100   ❀ 7–8   ☀

Guter Rosenbegleiter in Kontrastfarben.
Wuchs: Aufrechte Horste mit hohen, verzweigten Trieben und schmalen, lanzettlichen Blättern.
Blüte: Klein, in dichten langen Ähren an den Triebenden; in Blautönen, Weiß oder Rosa.
Pflege: Bei Trockenheit wässern, gelegentlich düngen. Verblühtes ausschneiden.
Verwendung: In kleinen Gruppen auf nicht zu trockenen Böden. Bildet durch die Kerzenform einen schönen Kontrast zu den runden Rosenblüten.

Sorten: ‘Blauriesin’, blauviolett; ‘Rosa Töne’, rosa; ‘Schneeriesin’, weiß.

3 Armenischer Storchschnabel
Geranium psilostemon

S   ⬆ 60–120   ❀ 6–7   ☀-◑

Storchschnabel mit leuchtstarker Blütenfarbe.
Wuchs: Horste aus hohen Stängeln mit großen, handförmigen Blättern; nicht immer standfest.
Blüte: Magentarote Schalen mit dunklem Auge.
Pflege: Auf ausreichend Bodenfeuchte achten. In rauen Lagen etwas Winterschutz geben.
Verwendung: Schön zu weißen Rosen.

Blauraute
Perovskia abrotanoides
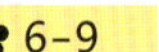

HStr	⚲ 60–100	✿ 6–9	☀

Üppig-duftige Blütenfülle in leuchtendem Blau.
Wuchs: Breitbuschig, strauchartig, mit am Grund verholzenden Trieben. Fein gefiedertes, graugrünes Laub im unteren Bereich der Triebe.
Blüte: Klein, tief violettblau, in dichten, verzweigten Ähren; aromatisch duftend.
Pflege: Scharfer Rückschnitt im Frühjahr fördert den Blütenansatz. Leichter Winterschutz.
Verwendung: Für durchlässige, magere Böden. Schön zu graulaubigen Stauden und zu roten, rosafarbenen sowie weißen Rosen.

Spornblume
Centranthus ruber

S	⚲ 50–70	✿ 6–9	☀

Herrlich dezenter Rosenbegleiter.
Wuchs: Reich verzweigt mit graugrünen, eiförmigen Blättern.
Blüte: Karminrot, in etagenartigen Rispen.
Pflege: Blütenstände zurückschneiden.
Verwendung: Je nach Rosensorte rot oder weiß blühende Formen wählen.

Sorten: 'Albus' (Foto), weiß blühend.

Mutterkraut
Tanacetum (Syn.: *Chrysanthemum*) *parthenium*

S	⚲ 20–50	✿ 6–8	☀

Rosenbegleiter mit Bauerngartencharme.
Wuchs: Breitbuschige Horste aus aufrechten Trieben mit eingekerbtem Laub, nicht immer standfest. Kurzlebig, teils einjährig gezogen.
Blüte: Weiße oder gelbe, kamillenähnliche Körbchenblüten, auch gefüllt.
Pflege: Regelmäßig wässern, düngen und Verblühtes ausschneiden.
Verwendung: In Gruppen zu roten oder gelben Rosen und Rittersporn.

4 Feinstrahlaster
Erigeron-Hybriden

S | 🌱 50–80 | ❀ 6–7/9 | ☀

Asterähnliche Beetstaude mit reicher Blüte.
Wuchs: Horste aus meist aufrechten Trieben mit lanzettlichen Blättern.
Blüte: Zarte Blütensterne mit feinen Strahlen in Weiß, Rosa, Rot oder Violett.
Pflege: Gleich nach der Blüte bodennah zurückschneiden und düngen, dann Neuaustrieb.
Verwendung: Sehr schön zu Rosen und anderen Beetstauden für die Sonne.

Sorten: 'Sommerneuschnee', weiß; 'Dunkelste Aller', violett.

5 Heiligenkraut
Santolina chamaecyparissus

S/HStr | 🌱 30–50 | ❀ 7–8 | ☀

Das zierende Silbergrau lässt Rosen leuchten.
Wuchs: Am Grund verholzende Polster mit verzweigten Trieben und feinen, kammartig gefiederten, silbergrauen Blättern; aromatisch duftend, wintergrün.
Blüte: Kleine, gelbe, kugelige Blütenköpfchen an den Triebenden.
Pflege: Nach der Blüte zurückschneiden.
Verwendung: Auf durchlässigen Böden, als Beeteinfassung, Unterpflanzung, oder Schnitthecke.

6 Sommer-Salbei
Salvia nemorosa

S | 🌱 40–70 | ❀ 5–7/9 | ☀

Einer der besten Rosenbegleiter im Beet.
Wuchs: Flächige Horste mit eiförmigen, mattgrünen Blättern.
Blüte: Meist blaue oder violette, selten weiße Lippenblüten in dichten Kerzen an den Triebenden.
Pflege: Scharfer Rückschnitt nach der Blüte sowie leichte Düngung regen die Zweitblüte an.

Sorten: 'Adrian', weiß; 'Blauhügel' (Foto), mittelblau; 'Caradonna', dunkelviolett; 'Ostfriesland', violettblau.

Katzenminze
Nepeta × faassenii

S	🌡 30–60	✿ 5–9	☀

Dauerblühende Lavendel-Alternative zu Rosen.
Wuchs: Breitbuschige Horste aus bogigen Trieben mit graugrünen, aromatischen Blättern.
Blüte: Kleine lila, selten weiße Lippenblüten in dichten Quirlen an den Triebenden.
Pflege: Rückschnitt nach der Blüte fördert die Zweitblüte. Nur mäßig düngen.
Verwendung: Schöner und pflegeleichter, nicht bedrängender Rosenbegleiter; auch als Beeteinfassung und zu vielen Sonnenstauden.

Sorten: 'Six Hills Giant', lavendelblau; 'Snowflake', weiß.

Lavendel
Lavandula angustifolia

S/HStr	🌡 30–60	✿ 6–8	☀

Der Klassiker unter den Rosenbegleitern.
Wuchs: Rundliche Polster aus am Grund verholzenden Trieben mit schmalem, graugrünem Laub; immergrün, aromatisch duftend.
Blüte: Kleine Lippenblüten in dichten, lang gestielten Ähren; violett, rosa oder weiß.
Pflege: Regelmäßig im Frühjahr kräftig stutzen. Blütentriebe nach der Blüte ausschneiden.
Verwendung: Ideal zu Rosen und als Beeteinfassung.

Sonnenröschen
Helianthemum-Hybriden

S/HStr	🌡 15–30	✿ 5–8	☀

Hübscher, nicht bedrängender Rosenbegleiter.
Wuchs: Breite Polster aus am Grund verholzenden Trieben mit kleinen, graugrünen Blättern.
Blüte: Zahlreiche kleine Schalenblüten in Gelb, Orange, Rosa, Rot oder Weiß, auch gefüllt.
Pflege: Nach der Blüte zurückschneiden, um kompakten Wuchs zu fördern.
Verwendung: Gruppenweise auf durchlässigen Böden, am Beetrand und vor Rosen.

4 Kriechendes Schleierkraut
Gypsophila repens

| S | ↕ 10–20 | ✿ 5–7 | ☀ |

Duftiger Rosen-Begleiter, der ihre Füße umspielt.
Wuchs: Locker polsterförmig, kriechende Triebe mit schmal lanzettlichen, graugrünen Blättern.
Blüte: Klein, sternförmig, weiß oder rosa, in lockeren Rispen schleierförmig über den Polstern.
Pflege: Benötigt keine spezielle Pflege.
Verwendung: Als Beeteinfassung, auf Mauerkronen und als Unterpflanzung von Rosen.

Sorten/Arten: 'Rosa Schönheit', dunkelrosa; 'Rosea' (Foto), zartrosa. Ähnlich, aber höher wachsend ist das Rispen-Schleierkraut (*G. paniculata*, 80–120 cm, 7–8).

5 Duftsteinrich
Lobularia maritima (Syn.: *Alyssum maritimum*)

| ☉ | ↕ 10–15 | ✿ 6–10 | ☀ |

Duftender weißer Blütenteppich.
Wuchs: Flächige Polster aus verzweigten Trieben mit lanzettlichem Laub.
Blüte: Klein, weiß, duftend, in Weiß oder Rosa, die die Polster fast lückenlos bedecken.
Pflege: Aussaat ins Freie ab April. Rückschnitt nach der Blüte zur Verlängerung der Blütezeit.
Verwendung: Als Einfassung am Beetrand oder im Steingarten, als Unterpflanzung zu Rosen.

Sorten: 'Orientalische Nächte', violettrosa; 'Snow Crystals', reinweiß.

6 Silberährengras
Stipa (Syn.: *Achnatherum) calamagrostis*

| G | ↕ 30–90 | ✿ 6–9 | ☀ |

Sorgt dauerhaft für duftige Struktur im Beet.
Wuchs: Breite Horste mit überhängenden Halmen.
Blüte: Schlanke silbrige Rispen auf bogig geneigten Stielen. Lange Blütezeit!
Pflege: Schwere Böden meiden!
Verwendung: Im Beet wie auf Freiflächen im Naturgarten, einzeln oder in Gruppen.
Hinweis: Durch die silbrige Farbe wunderbar passend zu allen Rosa- und Rottönen.

Buntlaubige Pflanzen für den Garten

Rote Blätter mit dunkelgrünen Tupfen, hellgrüne Blätter mit weißen Rändern oder gelbem Mittelfleck: Buntlaubige Pflanzen bieten eine Fülle an Färbungen und Zeichnungen. Obwohl diese Gewächse keine bunten Blüten haben, gelingt es mit ihnen leicht, im Garten für Abwechslung zu sorgen. Bereits einzelne buntlaubige Gehölze lockern eine monotone Strauchhecke wirkungsvoll auf; genauso gut lassen sich panaschierte Bodendecker rhythmisch in eine einheitliche Flächenpflanzung integrieren, damit diese durch das gefleckte Blattwerk gezielt unterbrochen wird.

Im Halbschatten kommen viele Buntlaubige besonders wirkungsvoll zur Geltung: Dort bildet sich ihre Färbung – anders als in der prallen Sonne – am deutlichsten aus. Doch Vorsicht: Ein Zuviel des Guten kann leicht ins Gegenteil umschlagen. Der Effekt ist dann ein kunterbuntes Durcheinander, das kein klares Gestaltungsziel mehr erkennen lässt.

Das Farbspiel von Buntnessel-Sorten ist wohl einmalig – und steht hier für die fantastische Wirkung im Beet.

1 Gelbbunter Hartriegel
Cornus alba 'Spaethii'

| Str | ↑ 1–1,5 m | ✿ 5–6 | ☀–◑ |

Buntes Farbenspiel in Grün-Gelb-Rot.
Wuchs: Breitbuschiger, locker verzweigter Strauch; junge Triebe mit roter Rinde, Blätter elliptisch, hellgrün, am Rand gelblich gefleckt, teils rosa überlaufen.
Blüte: Kleine, cremegelbe Blüten in Scheindolden; im Herbst weiße, teils blau überlaufene Beeren.
Pflege: Nur mäßig schneiden.
Verwendung: Wirkungsvoll an der Gartengrenze.

Sorten: 'Sibirica Variegata', Weißbunter Hartriegel, ähnlich, aber Blätter mit weißem Randbereich, bis 2 m.

2 Weißbunter Etagen-Hartriegel
Cornus controversa 'Variegata'

| Str | ↑ 1,5–3 m | ✿ 6 | ☀–◑ |

Eleganter Strauch mit ebenmäßigem Wuchs.
Wuchs: Breiter, aufrechter Strauch mit regelmäßig etagenförmig angeordneten Ästen und elliptischen, gelbgrünen, weiß gerandeten Blättern.
Blüte: Klein, weiß, in breiten Schirmrispen; blauschwarze Früchte.
Pflege: Möglichst nicht schneiden, um die Wuchsform zu erhalten. Bei Trockenheit wässern.
Verwendung: Geschützten Platz wählen.

3 Bunter Eschen-Ahorn
Acer negundo 'Flamingo'

| B | ↑ 2–3 m | ✿ 4–5 | ☀ |

Robuster Blickfang, der für Farbe sorgt.
Wuchs: Kleiner Baum mit rundlicher Krone oder großer buschiger Strauch; gefiederte Blätter, im Austrieb rosa und weiß gerandet und gefleckt.
Blüte: Kleine gelbliche Blüten, männliche in Büscheln, die weiblichen hängend.
Pflege: Schneidet man die jungen Triebe jährlich oder regelmäßig zurück, erhält man stets schöne bunte Triebe. Grünlaubige Zweige entfernen.
Verwendung: Ideal für kleine Gartenbereiche und Vorgärten sowie als »bunter« Blickpunkt.

Buntlaubige Stechpalme
Ilex aquifolium

B	↑ 3–4 m	✿ 5–6	☀

Wirkt durch kontraststarke Blätter und Früchte.
Wuchs: Kleiner kegel- oder eiförmiger Baum mit ledrigen, meist buchtig gezähnten Blättern.
Blüte: Klein, weiß; weibliche Pflanzen bilden rote Beeren, die über Winter haften bleiben.
Pflege: Schnitt besser im Frühjahr als im Herbst durchführen. Grünblättrige Triebe entfernen.
Verwendung: Einzeln oder zu mehreren als Hecke oder Beetbegleiter; schön auch im Vorgarten.
Sorten: 'Argentea Marginata', Blätter weiß gerandet; 'Madame Briot', Blätter gelb gerandet.

Buntlaubige Weigelie
Weigela florida 'Variegata'

Str	↑ 1–1,5 m	✿ 5–7	☀-◐

Robuster Zierstrauch mit bunter Belaubung.
Wuchs: Aufrechter, rundlicher Strauch mit eiförmigen, weiß oder gelb gerandeten Blättern.
Blüte: Glockenförmig, rosa, in dichten Büscheln an den Zweigenden.
Pflege: Alle 2–3 Jahre auslichten, sonst keine besondere Pflege nötig.
Verwendung: Einzeln am Zaun oder in einer gemischten Hecke.

Gelbbunte Kriechspindel
Euonymus fortunei

K	↕↑ 0,4–3 m	✿ 6–7	☀-●

Robust, vielseitig und stets adrett anzusehen.
Wuchs: Kriechend und mit Haftwurzeln selbst kletternd, immergrün mit elliptischen Blättern in je nach Sorte unterschiedlicher Färbung.
Blüte: Sehr kleine, gelbgrüne Blütchen. Die Samen der Früchte sind sehr giftig!
Pflege: : Keine Pflege nötig. An Spanndrähten klettert der Spindelstrauch schneller empor. In rauen Lagen etwas Winterschutz geben.
Verwendung: Zum Klettern an Hauswänden oder zum Verdecken unschöner Flächen.

4 Rosa Strahlengriffel
Actinidia kolomikta

K | ↑ 2–3 m | ✿ 5–6 | ☀–◐

Der Farb-Exot unter den Klettergehölzen.
Wuchs: Mit Schlingtrieben kletternd; große eiförmige Blätter, von der Spitze her weiß-rosafarben.
Blüte: Weiße duftende Blüten und stachelbeerartige, essbare Früchte (an weiblichen Pflanzen).
Pflege: Benötigt Spanndrähte oder eine andere Kletterhilfe. Winterschutz bei Jungpflanzen ratsam.
Verwendung: Etwas geschützte Plätze, auf jedem normalen Gartenboden.

5 Gelbbunter Efeu
Hedera helix 'Goldheart'

K | ↑ 2–3 m | ✿ 9–10 | ☀–●

Gelbe Lichtflecken auf dunklem Laubteppich.
Wuchs: Am Boden kriechend bzw. an Stämmen, Wänden etc., selbstkletternd (mit Haftwurzeln); verholzende Trieben mit 3- bis 5-lappigen, im Alter rautenförmigen, immergrünen Blättern, in der Mitte mit großer, weißgelber Zeichnung.
Blüte: Klein, grüngelb, duftend, erst im Alter.
Pflege: Bei Trockenheit wässern.
Verwendung: An Mauern, Zäunen, Bäumen.

6 Funkie, Herzlilie
Hosta-Hybriden

S | ↕ 20–70 | ✿ 6–8 | ◐–●

Auffälliger Blickpunkt im Schattengarten.
Wuchs: Kompakte Horste mit lang gestielten, ganzrandigen, derben, stark geaderten Blättern, je nach Sorte grün mit weißem Rand sowie mit weißer oder gelber, oft geflammter Mitte.
Blüte: Je nach Sorte violette oder weiße, längliche Glocken in lang gestielten Trauben.
Pflege: Gelegentlich düngen. Vor allem den Austrieb vor Schneckenfraß schützen.
Verwendung: Einzeln oder in Gruppen am Gehölz- oder am Teichrand, im Beet oder im Kübel.

Sortenbeispiel: 'Undulata Mediovariegata' (Foto), Blätter am Rand gewellt, weiß-gelb gefleckt, Blüte lilablau, 50 cm.

Kaukasusvergissmeinnicht
Brunnera macrophylla

| S | ⇧ 30–50 | ✿ 4–5 | ◑ |

Herrliche Frühlingsblüten über buntem Laub.
Wuchs: Breit horstförmig mit großen, silbrig oder gelb gefleckten, herzförmigen Blättern.
Blüte: Lockere Rispen aus leuchtend vergissmeinnichtblauen Blüten zwischen dem Laub.
Pflege: Nach dem Einwachsen nicht nötig.
Verwendung: Vor Gehölzen und im Frühlingsbeet.

Sorten: 'Hadspen Cream', Blätter gelb gefleckt; 'Jack Frost' (Foto), Blätter silbrig, grun geadert.

Ananas-Minze
Mentha suaveolens 'Variegata'

| S | ⇧ 30–50 | ✿ 7–8 | ☀–◑ |

Hübsche Blattzierde mit Fruchtaroma.
Wuchs: Breite Horste mit kräftigen Ausläufern, aufrechte Triebe mit eiförmigen, weiß gefleckten und gerandeten, aromatischen Blättern.
Blüte: Kleine lila Lippenblüten in Quirlen.
Pflege: Bei Trockenheit wässern; Ausläufer bei Bedarf abstechen.
Verwendung: Am Beetrand neben wuchsstarken Partnern oder als Einfassung; auch im Topf.

Buntnessel
Solenostemon scutellarioides

| ☉ | ⇧ 20–50 | ✿ 7–8 | ☀–● |

Der Harlekin unter den Blattschmuckpflanzen.
Wuchs: Breite Büsche aus straff aufrechten, verzweigten Trieben und nesselartigen, am Rand gesägten, lebhaft gefärbten Blättern.
Blüte: Kleine, blau-weiße Lippenblüten in schlanken Ähren über dem Laub.
Pflege: Aussaat ins Freie ab Mai. Regelmäßig wässern, stutzen und Blütenansatz ausschneiden, um das Blattwerk zu fördern.
Verwendung: Verschiedene Sorten in Gruppen kombinieren; sehr wirkungsvoll im Topf!

Sorten: Zahllose Sorten u. a. mit rot-gelben, rot-grünen oder rot-purpurfarbenen Blättern.

4 Purpurglöckchen
Heuchera-Hybriden

| S | ⭱ 30–60 | ✿ 6–8 | ☼-◐ |

Robuster Blattschmuck in ungewöhnlichen Farben.
Wuchs: Polsterförmig, mit großen, rundlichen, gelappten Blättern; je nach Sorte sehr unterschiedlich gefärbt, teilweise wintergrün.
Blüte: Winzig, weiß oder rot, in duftigen Rispen auf straffen Stielen hoch über dem Laubteppich.
Pflege: Bei Trockenheit wässern; in rauen Lagen Winterschutz geben.
Verwendung: Schön als Beeteinfassung oder am Gehölzrand; hübsch auch im Kübel.

Sorten: Viele neue Sorten in ungewöhnlichen Tönen wie 'Green Spice', moosgrün mit rötlichen Adern; 'Venus' (Foto), silbrig mit dunklen Adern.

5 Buntlaubiger Garten-Salbei
Salvia officinalis

| S/HStr | ⭱ 40–60 | ✿ 6–7 | ☼ |

Aromatischer Blattschmuck mit Kücheneignung.
Wuchs: Kräftige Horste, am Grund teils verholzend, mit länglich-eiförmigem, graufilzigem Laub.
Blüte: Blauviolette Lippenblüten in mehreren Quirlen an den Triebenden.
Pflege: Leichter Rückschnitt nach der Blüte hält die Horste kompakt; in rauen Lagen Winterschutz.
Verwendung: Am Beetrandund im Gewürzgarten.

Sorten: 'Tricolor' (Foto), Blätter teils cremeweiß, teils rötlich.

6 Houttuynie
Houttuynia cordata 'Chameleon'

| S | ⭱ 20–30 | ✿ 6–7 | ☼-◐ |

Auffälliger Bodendecker mit schönem Farbspiel.
Wuchs: Durch zahlreiche Ausläufer flächig, kurze, aufrechte Triebe mit herzförmigen, gelb-rot gefleckten, ledrigen Blättern. Prächtige rote Herbstfärbung.
Blüte: Kleine Kolben mit 4 weißen Hochblättern.
Pflege: Nur im Frühjahr pflanzen. Ausläufer bei Bedarf abstechen. Trockene Böden meiden.
Verwendung: Als Flächendecker im Vorgarten, auf zu kaschierenden Plätzen und unter Gehölzen.

Kapuzinerkresse
Tropaeolum majus 'Alaska'

⊙　⇧ 20–40　❀ 7–10　☀-◑

Leuchtende Blütenfülle über geflecktem Laub.
Wuchs: Buschige Horste mit runden, etwas gelappten, in der Mitte gestielten, weißbunt gescheckten Blättern.
Blüte: Groß, trichterförmig mit Sporn, gelb, orange, rot; Blüten und Knospen sind essbar.
Pflege: Aussaat ins Freie ab Mai. Gut wässern, mäßig düngen.
Verwendung: Als Bodendecker für zu verdeckende Flächen, am Beetrand oder im Topf.

Lungenkraut
Pulmonaria officinalis

S　⇧ 20–30　❀ 3–5　◑-●

Robuster Frühjahrsblüher mit dekorativem Laub.
Wuchs: Teppichförmig, kriechende Triebe mit länglich-eiförmigen, gefleckten Blättern.
Blüte: Trichterförmig, rosa und beim Abblühen lila, selten weiß, in kleinen Trauben.
Pflege: Bei anhaltender Trockenheit wässern.
Verwendung: Als Bodendecker unter Gehölzen oder am schattigen Beetrand, zusammen mit Farnen und Frühlingsblühern.

Sorten: 'Sissinghurst White' (Foto), weiß, Blätter weiß getupft.

Gefleckte Taubnessel
Lamium maculatum

S　⇧ 15–30　❀ 5–6　◑-●

Grafisch wirkender Laubteppich für Problemzonen.
Wuchs: Flächig durch kriechende Ausläufer, die Triebe mit fast dreieckigen, gezähnten Blättern.
Blüte: Große rotviolette Lippenblüten in Quirlen an den Triebenden zwischen den Blättern.
Pflege: Keine spezielle Pflege nötig.
Verwendung: Als Bodendecker unter Gehölzen sowie zur Begrünung unschöner Bereiche. Schön zusammen mit Lungenkraut und *Brunnera*.

Sorten: 'Chequers', Blätter dunkelgrün; 'Golden Nuggets' (Foto), gelbgrünes Laub, beide mit silbernem Mittelstreifen.

4 Chinaschilf
Miscanthus sinensis

| G | ↑ 60–250 | ✿ 8–10 | ☼ |

Eindrucksvolles, gelb gestreiftes Gartengras.
Wuchs: Große, im Alter durch Ausläufer breite
Horste mit schilfartigen, elegant übergeneigten
Blättern. Meist schöne Herbstfärbung.
Blüte: Federartige Blütenrispen an den straffen
Triebenden; buntlaubige Sorten blühen selten.
Pflege: Bei anhaltender Trockenheit wässern.
Verwendung: Sehr vielseitig: als Solitär, Blatt-
schmuck- und Hintergrundpflanzung.

Sorten: 'Strictus', Blätter mit gelben Querstreifen, kaum blühend,
steif aufrecht; 'Zebrinus' (Foto), ähnlich, Blätter überhängend.

5 Moor-Pfeifengras
Molinia caerulea 'Variegata'

| G | ↑ 30–60 | ✿ 8–10 | ☼-◑ |

Dezenter Laubschmuck für die Staudenrabatte.
Wuchs: Aufrechte, dichte Horste mit langen,
schmalen, am Rand gelblich weißen Blättern.
Blüte: Schlanke Blütenrispen an steifen Stielen
über dem Laubhorst.
Pflege: Bei Trockenheit wässern, sonst keine
Pflege nötig. Rückschnitt erst im Frühjahr.
Verwendung: Duftiges Ziergras für Beete und
naturnahe Pflanzungen auf feuchteren Böden.

6 Gelbbunte Segge
Carex oshimensis 'Evergold'

| G | ↑ 20–30 | ✿ 4–5 | ◐-● |

Dauerhaftes Blatt-Gold für schattige Partien.
Wuchs: Flache Horste aus bogigen, etwas steifen
Blättern, die einen hellgelben Mittelstreif aufwei-
sen. Immergrün!
Blüte: Unscheinbare, schlanke, kurze Ähren, an
zarten Trieben über dem Laub.
Pflege: In rauen Lagen Winterschutz geben.
Horste gelegentlich ausputzen und verbraunte
Blätter entfernen.
Verwendung: Vor oder unter Gehölzen. Bevor-
zugt in Gruppen pflanzen.

Pralle Sonne und karger Boden

Manchen Pflanzen kann es nicht heiß genug sein. Dort, wo andere schnell »schlapp machen«, zu kümmern beginnen und kaum Knospen ansetzen, blühen diese Arten erst so richtig auf. Sie kommen ursprünglich meist von kargen Naturstandorten, haben sich dort an schwierige Bodenverhältnisse angepasst und sie sogar für sich genutzt. Auf feuchteren Böden geraten diese Pflanzen hingegen oft in Schwierigkeiten, weil sie von konkurrenzkräftigeren Nachbarn bald überwachsen werden. An Trockenheit und Nährstoffarmut gewöhnt, sind diese Pflanzen besonders pflegeleicht. Sie nehmen es nicht übel, wenn das Gießen mal ausfällt. Auch häufiges Düngen ist eher schädlich, es verwöhnt die Pflanzen, macht sie in späteren Hitzeperioden anfälliger für Trockenstress. Halten Sie sich deshalb in der Pflege ruhig zurück und genießen mit Ihren Überlebenskünstlern den heißen Sommer!

Auf kargen Böden in praller Sonne ist die Blütenpracht zwar reduziert, doch wirkt sie dort umso reizvoller. Im Bild überspielt Schleier-Eisenkraut das feine Mädchenhaargras und weiße *Echinacea*.

1 Steppenkerze
Eremurus-Ruiter Hybriden

Z	↕ 120–180	✿ 6–7	☀

Imposante Blütenkerzen für vertikale Akzente.
Wuchs: Eintriebige Knollenpflanze mit straffen Blütentrieben und riemenförmigen Blättern.
Blüte: Große Traube aus sternförmigen Blüten in Weiß, Gelb, Orange oder Rosa.
Pflege: Tief und vorsichtig (die Wurzeln sind brüchig!) auf eine Dränage aus Sand pflanzen; zum Austrieb düngen; Winterschutz geben.
Verwendung: Einzeln oder in kleinen Gruppen im sonnigen Beet, schön zusammen mit Iris, Lavendel, Kugeldisteln und Gräsern.

2 Blauraute
Perovskia abrotanoides

HStr	↕ 60–100	✿ 6–9	☀

Üppig-duftige Blütenfülle in leuchtendem Blau.
Wuchs: Breitbuschig, strauchartig, mit am Grund verholzenden Trieben. Fein gefiedertes, graugrünes Laub im unteren Bereich der Triebe.
Blüte: Klein, tief violettblau, in dichten, verzweigten Ähren in der oberen Triebhälfte; aromatisch duftend.
Pflege: Scharfer Rückschnitt im Frühjahr fördert den Blütenansatz. Leichter Winterschutz.
Verwendung: Schön zu graulaubigen Stauden.

3 Großblütige Königskerze
Verbascum densiflorum

☉	↕ 80–120	✿ 7–8	☀

Eindrucksvoller Blickfang im Beet.
Wuchs: Im 1. Jahr eine dichte Grundblattrosette, aus der im 2. Jahr der straffe Blütentrieb sprießt.
Blüte: Groß, gelb, in dichten, filzig behaarten Trauben hoch über der Blattrosette.
Pflege: Schwere Böden meiden.
Verwendung: Einzeln auf durchlässigen Böden; schön zu Salbei und Gräsern. Versamt sich.

Sorten/Arten: *V.* 'Cotswold Queen' (Foto), gelb mit rotem Auge. Daneben eignen sich auch andere Königskerzen-Arten.

Witwenblume
Knautia macedonica

S	60–90	7–9	☀

Rote Blütentupfen, die über dem Laub schweben.
Wuchs: Breite Horste aus stark verzweigten Trieben mit eiförmigen, zerteilten Blättern.
Blüte: Sehr klein, trichterförmig, in rundlichen, leuchtend weinroten Köpfchen.
Pflege: Benötigt keine besondere Pflege.
Verwendung: In Gruppen auf eher trockenen Böden, mit Königskerzen, Kugeldisteln und Gräsern.

Lavendel
Lavandula angustifolia

S/HStr	30–60	6–8	☀

Mittelmeer-Flair auf kargem Boden.
Wuchs: Rundliche Polster aus am Grund verholzenden Trieben mit schmalem, graugrünem Laub; immergrün, aromatisch duftend.
Blüte: Kleine Lippenblüten in dichten, lang gestielten Ähren; violett, rosa oder weiß.
Pflege: Regelmäßig im Frühjahr kräftig stutzen. Blütentriebe nach der Blüte ausschneiden.
Verwendung: Schön als Beeteinfassung und Gruppenpflanzung, zusammen mit Sonnenröschen, Iris, Gräsern und graulaubigen Stauden.

Sorten: 'Alba', weiß; 'Hidcote Blue', dunkelviolett; 'Hidcote Pink', rosa; 'Munstead', hell blauviolett.

Dost, Heidegünsel
Origanum-Hybriden

S/HStr	30–60	7–9	☀

Aromatisch, pflegeleicht und lange blühend.
Wuchs: Kompakte Büsche mit am Grund verholzenden Trieben und ovalen, aromatischen Blättern.
Blüte: Kleine, rosafarbene Lippenblüten in dichten Quirlen an den Triebspitzen.
Pflege: Braucht keine besondere Pflege.
Verwendung: Im Beet mit Sonnenröschen, Lavendel, Woll-Ziest und Gräsern; schön auch im Kübel.

Sorten/Ähnliche Arten: 'Rosenkuppel' (Foto), rosarot; *O. laevigatum* 'Herrenhausen', rotviolett, rotlaubig, 40 cm.

4 Purpur-Fetthenne
Sedum telephium

| S | ⬆ 50–60 | ✿ 8–10 | ☀ |

Anspruchslos, pflegeleicht und lange attraktiv.
Wuchs: Breite Horste aus aufrechten, mit flei-
schigen ovalen Blättern besetzten Trieben.
Blüte: Klein, sternförmig, in schirmförmigen Dol-
den über den Trieben; altosa bis rostrot gefärbt.
Pflege: Braucht keine besondere Pflege. Rück-
schnitt erst im Frühjahr.
Verwendung: Auf durchlässigen, mageren Böden.
Sehr schön zu Gräsern.

Sorten: 'Herbstfreude' (Foto), braunrot.

5 Bart-Iris, Schwertlilie
Iris-Barbata-Hybriden

| S | ⬆⬆ 15–120 | ✿ 4–6 | ☀ |

Betörende Schönheit für sonnig-trockene Plätze.
Wuchs: Oberflächennah kriechendes Rhizom
mit schwertförmigen, graugrünen Blättern.
Blüte: Aus je 3 aufrechten und 3 herabhängen-
den Blütenblättern mit »Bart« bestehend; in fast
allen Farbtönen, auch mehrfarbig.
Pflege: Rhizome waagerecht pflanzen und nur
leicht mit Erde bedecken.
Verwendung: In Gruppen; schön zu Lavendel,
Sonnenröschen und Gräsern.

Sorten: Niedrige (Nana-, bis 30 cm, Foto), mittelhohe (Media-,
bis 70 cm) und hohe (Elatior-Hybriden, bis 120 cm).

6 Sonnenröschen
Helianthemum-Hybriden

| S/HStr | ⬆ 15–30 | ✿ 5–8 | ☀ |

Farbenfroher und blühfreudiger Sonnen-Blüher.
Wuchs: Breite Polster aus am Grund verholzen-
den Trieben mit kleinen graugrünen Blättern.
Blüte: Zahlreiche kleine Schalenblüten in Gelb,
Orange, Rosa, Rot oder Weiß, auch gefüllt.
Pflege: Nach der Blüte zurückschneiden, um
kompakten Wuchs zu fördern.
Verwendung: Gruppenweise am Beetrand, auf
Mauerkronen, im Steingarten.

Teppich-Glockenblume
Campanula portenschlagiana

[1]

S　　⬆ 10–30　　✿ 6–9　　☀

Prächtiger, anspruchsloser Blütenteppich.
Wuchs: Kriechende, mit herzförmigen Blättern besetzte Triebe, die allmählich Teppiche bilden.
Blüte: Sternförmige Glockenblüten in kräftigen Violetttönen oder in Weiß.
Pflege: Benötigt keine besondere Pflege.
Verwendung: Schön auf Mauerkronen, als Wegeinfassung oder in Plattenfugen.

Sorten: 'Birch Hybrid' (Foto), großblütigere Kreuzung.

Woll-Ziest
Stachys byzantina

[2]

S　　⬆ 10–30　　✿ 7–8　　☀

Silbrige Laubteppiche lassen Blüten leuchten.
Wuchs: Bildet durch Ausläufer dichte Teppiche aus elliptischen, filzig behaarten, silbergrauen Blättern.
Blüte: Kleine rosa Lippenblüten in Quirlen auf dicht behaarten, aufrechten Trieben.
Pflege: Keine Pflege nötig. Bodennässe meiden.
Verwendung: Für magere Plätze, Steingärten und Wegränder, passt zu vielen Blütenfarben.

Sorten: 'Cotton Ball' (Foto), wollige Blütentriebe; 'Silver Carpet', wenig blühend.

Polster-Silberraute
Artemisia schmidtiana 'Nana'

[3]

S　　⬆ 15–30　　✿ 6–7　　☀

Silbergrauer Blattschmuck in Polsterform.
Wuchs: Kompakte Polster mit nadelartig gefiederten, silbrig behaarten Blättern.
Blüte: Weißlich, klein; blüht nur selten!
Pflege: Vor Winternässe schützen
Verwendung: In Gruppen auf durchlässigen Böden, als Beeteinfassung, im Steingarten, auf Mauerkronen.
Hinweis: Schön als Rosen-Unterpflanzung.

4 Silberährengras
Stipa (Syn.: *Achnatherum*) *calamagrostis*

| G | ⬆ 30–90 | ✿ 6–9 | ☼ |

Sorgt dauerhaft für duftige Struktur im Beet.
Wuchs: Breite Horste mit überhängenden Blütenhalmen.
Blüte: Schlanke silbrige Rispen auf bogig geneigten Stielen. Lange Blütezeit!
Pflege: Keine Pflege nötig.
Verwendung: Im Beet wie auf Freiflächen im Naturgarten, einzeln oder in Gruppen. Schwere Böden meiden!

Sorten: 'Lemperg', kompakter, schöne braunrote Herbstfarbe.

5 Mädchenhaargras
Stipa pennata

| G | ⬆ 30–60 | ✿ 5–6 | ☼ |

Fasziniert als haarfeines, duftiges Gräserbüschel.
Wuchs: Dichte aufstrebende Horste aus eingerollten graugrünen Blättern, überragt von den Blütentrieben.
Blüte: Zarte längliche Rispen mit bis 20 cm langen, silbrig-seidigen Grannen über dem Laub.
Pflege: Keine Pflege nötig.
Verwendung: Kalkhaltige, magere Böden.

6 Blau-Schwingel
Festuca glauca

| G | ⬆ 20–60 | ✿ 6–7 | ☼ |

Bläuliche Farbe und borstige Struktur fürs Beet.
Wuchs: Kleine halbkugelige Horste mit nadelartigen, grau bis bläulich gefärbten Blättern.
Blüte: Aufrechte, lockere Rispen, nur zur Blüte ausgebreitet, danach verbraunend.
Pflege: Anspruchslos. Blütentriebe nach dem Verblühen abschneiden oder ausreißen.
Verwendung: Magere, durchlässige, auch sandige oder steinige Böden.
Hinweis: Je magerer und sonniger der Standort, desto intensiver die Blattfärbung.

Sorten: 'Azurit', silbrig blau; 'Blaufuchs', intensiv stahlblau.

Wechselweise Sonne und Schatten

Standorte, die nur zeitweise von der Sonne beschienen sind, werden halbschattig genannt. Viele Pflanzen fühlen sich dort besonders wohl, denn hier erhalten sie von allem ein gesundes Mittelmaß: Ausreichend Licht ohne pralle Sonne, dazu genügend Feuchtigkeit und Nährstoffe im Boden. Wenn Ihr Garten teilweise im Halbschatten liegt, haben Sie fast schon die Qual der Wahl: Dafür steht Ihnen eine breite Palette an Pflanzen zur Verfügung, aus der Sie nach Herzenslust auswählen können. Manche Arten für den Halbschatten blühen bereits ganz früh im Jahr. Sie nützen die laublose Zeit der Bäume für sich, bevor diese ihr beschattendes Blätterdach über ihnen ausbreiten. Die meisten Halbschatten-Pflanzen kommen jedoch erst ab der Sommermitte zur Blüte; sie brauchen etwas mehr Anlauf – entfalten sich dafür aber umso prächtiger, oft sogar bis in den Herbst hinein.

Üppige Pflanzenpracht – hier Fingerhut und hohe Glockenblumen – gelingt im Halbschatten besonders leicht.

1 Wald-Geißbart
Aruncus dioicus

S ↑ 150–200 ❀ 6–7 ◐–●

Wertvolle, imposante Schattenstaude.
Wuchs: Große Horste mit aufrechten Trieben und gefiedertem Laub.
Blüte: Zart und cremefarben, in großen, leicht überhängenden Rispen über den Blättern.
Pflege: Einmal eingewachsen, braucht er keine Pflege mehr.
Verwendung: Einzeln am Gehölzrand.
Hinweis: Männliche Pflanzen bevorzugen, sie blühen reiner weiß und duftiger.

2 Fingerhut
Digitalis purpurea

S ↑ 100–150 ❀ 6–7 ◐–●

Kurzlebige, pflegeleichte Waldrandstaude für schattige Plätze.
Wuchs: Straff aufrechte Triebe aus einer Blattrosette am Grund, Blätter graufilzig, spitz-eiförmig.
Blüte: Große rosa bis purpurfarbene Blütenglocken, innen weißlich, gefleckt.
Pflege: Sehr anspruchslose heimische Wildstaude.
Verwendung: Schön am Gehölzrand.
Hinweis: Achtung, sehr giftig! Oft nur zweijährig, vermehrt sich jedoch durch Selbstaussaat.

3 Herbst-Anemone
Anemone-Japonica-Hybriden

S ↑ 40–120 ❀ 8–10 ◐

Romantischer Herbstaspekt im Halbschatten.
Wuchs: Buschig, mit verzweigten Trieben und großen, dreilappigen Blättern; wächst in die Breite.
Blüte: Große, duftige Schalen in Rosa oder Weiß.
Pflege: Bei Trockenheit kräftig wässern. Braucht im ersten Jahr etwas Winterschutz.
Verwendung: Am Gehölzrand oder in halbschattigen Rabatten. Gut zu kombinieren.

Sorten: 'Honorine Jobert' (Foto), weiß, großblütig, bewährte Sorte; 'Königin Charlotte', rosa, halbgefüllt; 'Rosenschale', rosa mit dunklem Rand.

Riesen-Glockenblume
Campanula lactiflora

1

S 🌡 80–120 ✿ 6–8 ☀-◐

Überreiche Blütenfülle in zarten Farben.
Wuchs: Große Horste mit leicht übergeneigten Trieben, eiförmige Blätter.
Blüte: Unzählige breitglockige Sternblüten in dichten Rispen, in Zartviolett, Rosa oder Weiß.
Pflege: Ausreichend wässern und düngen, bei Bedarf stützen.
Verwendung: Sehr schön in halbschattigen Rabatten mit Geißbart, Storchschnabel und Gräsern.

Sorten: 'Loddon Anna' (Foto), lilarosa.

Blauer Eisenhut
Aconitum napellus

2

S 🌡 80–120 ✿ 7–8 ◐-●

Langlebige heimische Waldstaude.
Wuchs: Aufrechte Horste aus straffen Trieben mit handförmigen, tief zerteilten Blättern.
Blüte: Leuchtend blau, helmförmig, in schlanken Rispen an den Triebenden.
Pflege: Bei Trockenheit wässern; ausreichend düngen.
Verwendung: Kühle, nährstoffreiche Lagen bevorzugen. Schön zu Geißbart, Astilben, Gräsern.
Hinweis: Alle Teile sind stark giftig!

Schnee-Felberich
Lysimachia clethroides

3

S 🌡 60–80 ✿ 7–9 ☀-◐

Robuste Begleitstaude mit auffälligen Blüten.
Wuchs: Breite Horste aus aufrechten Trieben mit lanzettlichen Blättern, bildet kurze Ausläufer.
Blüte: Kleine weiße Sterne in kegelförmigen Trauben, die sich beim Aufblühen allmählich aufrichten.
Pflege: In rauen Lagen leichter Winterschutz.
Verwendung: In kleinen Gruppen vor Gehölzen oder am Teichrand; schön mit Eisenhut, Storchschnabel.
Hinweis: Schöne rote Herbstfärbung!

Schönaster
Kalimeris incisa

S 🌡 60–80 ❀ 6–9 ☀-◐

Asternartiger, stets adretter Langzeitblüher.
Wuchs: Große standfeste Horste aus reich verzweigten, lanzettlich beblätterten Trieben.
Blüte: Weiß oder lila, asternähnlich, mit gelber Mitte.
Pflege: Bei anhaltender Trockenheit wässern; Verblühtes laufend ausschneiden.
Verwendung: Einzeln im Herbstbeet oder vor Gehölzen, passt zu allen Blütenfarben und Gräsern.

Astilbe
Astilbe-Hybriden

S 🌡 40–80 ❀ 6–9 ◐

Leuchtende Farbenpracht am Gehölzrand.
Wuchs: Breite Horste aus aufrechten Trieben mit gefiedertem, gezähntem Laub.
Blüte: Duftige, reichblühende Rispen in Rosa, Weiß oder Rot.
Pflege: Gut wässern und düngen.
Verwendung: Gruppenweise auf ausreichend luft- und bodenfeuchten Standort; sehr schön zu Gräsern und anderen Schattenstauden.

Sorten: Verschiedene Gruppen mit unterschiedlicher Blütezeit und Höhe, mit aufrechten oder leicht überhängenden Rispen; Im Foto z. B. die Arendsii-Hybride 'Fanal'.

Sterndolde
Astrantia major

S 🌡 50–70 ❀ 6–8 ◐

Vielseitig kombinierbare heimische Wildstaude.
Wuchs: Horste mit aufrechten Trieben und handförmigen Blättern.
Blüte: Kleine, kugelige Dolden mit gefärbten Hüllblättern, in Weiß, Rosa- und Rottönen.
Pflege: Benötigt keine besondere Pflege.
Verwendung: Sehr schön am Gehölzrand und in naturnahen Pflanzungen.
Hinweis: Sät sich an passenden Plätzen selbst aus.

Sorten: 'Claret' (Foto), dunkelrot; 'Ruby Cloud', kräftig rosa.

Gewöhnliche Akelei
Aquilegia vulgaris

1

S   ⬆ 40–80   ✿ 5–6   ◑

Anmutig und ideal zum Verwildern.
Wuchs: Aufrecht, in lockeren Horsten mit 3-teiligen, blaugrünen Blättern; zieht früh ein.
Blüte: Nickend, mit auffälligem Sporn, meist violett, aber auch in Weiß oder Rosa.
Pflege: Kurzlebig, daher einige Blütentriebe nach dem Abblühen zur Selbstaussaat stehen lassen.
Verwendung: In kleinen Gruppen; am Gehölzrand oder im Beet – jedoch nicht im Vordergrund.
Hinweis: Vorsicht, die Pflanze ist giftig!

Dreiblattspiere
Gillenia trifoliata

2

S   ⬆ 60–100   ✿ 6–7   ◑–●

Grazile Staude mit tolle Herbstfarbe
Wuchs: Buschige Horste mit aufrechten Trieben, dreiteiligen Blättern und schöner orangeroter Herbstfärbung.
Blüte: Kleine weiße Sterne, die in Rispen über dem Laub zu schweben scheinen.
Pflege: Benötigt keine besondere Pflege.
Verwendung: Am Gehölzrand oder im Halbschatten mit Stauden wie Purpurglöckchen, Schneefelberich, Gräsern und Farnen.
Verwendung: Am Gehölzrand oder im Halbschatten mit Stauden wie Purpurglöckchen, Schneefelberich, Gräsern und Farnen.

Himalaja-Storchschnabel
Geranium himalayense

3

HS   ⬆ 30–40   ✿ 6–8   ◑

Duftige Blüten in herrlichem Blauviolett.
Wuchs: Aufrechte Horste mit handförmigem Laub.
Blüte: Groß, leuchtend blauviolett mit rosa Adern.
Pflege: Keine Pflege nötig. Bei Rückschnitt nach der Blüte erfolgt Zweitblüte im Spätsommer.
Verwendung: Einzeln oder in Gruppen in Gehölz- oder Wassernähe, etwa mit Frauenmantel und Gräserm; herrlich auch zu Rosen.

4 Balkan-Storchschnabel
Geranium macrorrhizum

S | ⬆ 30–40 | ✿ 6–7 | ◑–●

Problemloser Bodendecker für den Halbschatten.
Wuchs: Flächig; kriechende Rhizome mit großen,
handformigen Blättern.
Blüte: Klein, weißlich- oder karminrosa, über
dem Laubteppich.
Pflege: Keine Pflege nötig.
Verwendung: Als Flächendecker unter Gehölzen
oder in schwer zu pflegenden Bereichen.

Sorten: 'Czakor', karminrosa; 'Spessart', weißlich rosa.

5 Gelbblatt-Funkie, Herzlilie
Hosta-Hybriden

S | ⬆ 40–80 | ✿ 6–8 | ◑–●

Eindrucksvoller Blattschmuck als Blickfang.
Wuchs: Kompakte Horste mit lang gestielten,
ganzrandigen, derben, stark geaderten Blättern,
gelbgrün oder gelb mit grünem Rand.
Blüte: Je nach Sorte violette oder weiße, längliche Glocken in lang gestielten Trauben.
Pflege: Gelegentlich düngen. Vor allem den Austrieb vor Schneckenfraß schützen.
Verwendung: Einzeln oder in Gruppen am Ge-
hölz- oder am Teichrand, im Beet oder im Kübel.

Sorten: 'Sum and Substance' (Foto S. 61), sehr groß und breit,
gelbgrünes bis gelbes Laub, Blüte lilablau, 80 cm; 'Sun Power'
(Foto), Blätter goldgelb, groß, Blüte lilablau, 60 cm.

6 Weißrand-Funkie, Herzlilie
Hosta-Hybriden

S | ⬆ 20–70 | ✿ 6–8 | ◑–●

Die Blattschmuckpflanze für den Schattenbereich.
Wuchs: Wie Gelbblatt-Funkien, Blätter jedoch
grün mit weißem, oft geflammtem Rand.
Blüte: Wie bei Gelbblatt-Funkien.
Pflege: Gelegentlich düngen. Vor allem den Aus-
trieb vor Schneckenfraß schützen.
Verwendung: Wie Gelbblatt-Funkien. Sehr schön
zu Farnen, Gräsern und Rhododendren.

Sortenbeispiel: 'Patriot' (Foto), Blätter dunkelgrün mit breitem
weißen Rand, Blüte lilablau, 70 cm.

Purpurglöckchen
Heuchera-Hybriden

S　　⬆ 30–60　　✿ 6–8　　☀-◑

Farbkräftiger Blattschmuck mit duftigen Blüten.
Wuchs: Polsterförmig, mit großen, rundlichen, gelappten Blättern; je nach Sorte sehr unterschiedlich gefärbt; teilweise wintergrün.
Blüte: Winzig, weiß oder rot, in duftigen Rispen auf straffen Stielen hoch über dem Laubteppich.
Pflege: Bei Trockenheit wässern; in rauen Lagen Winterschutz geben.
Verwendung: Schön als Beeteinfassung oder am Gehölzrand; gut kombinierbar.

Sorten: Viele neue Sorten in ungewöhnlichen Tönen wie 'Blackberry Jam', brombeerrot; 'Créme Brûlée', ockerbraun; 'Stormy Seas' (Foto), unterseits weinrot, oberseits silbrig-rot; Klassiker: *H. micrantha* 'Palace Purple', bronzerot.

Frauenmantel
Alchemilla mollis

S　　⬆ 30–40　　✿ 6–7　　☀-◑

Vielseitig kombinierbare, robuste Begleitstaude.
Wuchs: Halbkugelförmig mit großen, rundlichen, gelappten Blättern.
Blüte: Grüngelbe Schleier aus kleinen Blüten.
Pflege: Rückschnitt nach der Blüte, altes Laub im Frühjahr entfernen.
Verwendung: Als Bodendecker, Randbepflanzung, im Beet oder am Wasser.

Kaukasusvergissmeinnicht
Brunnera macrophylla

S　　⬆ 30–50　　✿ 4–5　　◑

Problemloser, sehr dekorativer Frühlingsblüher.
Wuchs: Breit horstförmig mit großen, kräftig grünen, apart herzförmigen Blättern.
Blüte: Lockere Rispen aus leuchtend vergissmeinnichtblauen Blüten zwischen dem Laub.
Pflege: Nach dem Einwachsen ist keine Pflege nötig. Zu trockene Plätze meiden.
Verwendung: Vor Gehölzen und im Frühling.
Hinweis: Keine zu trockenen Plätze wählen.

4 Bergenie
Bergenia-Hybriden

S   ⇧ 30–40   ✿ 4–5   ◑

Sehr anspruchsloser, langlebiger Frühjahrsblüher.
Wuchs: Durch Rhizome langsam kriechend;
große, ledrige, rundliche Blätter; immergrün, mit
Herbstfärbung.
Blüte: Trichterförmig, rot, rosa oder weiß, in
dichten, gestielten Trauben über dem Laub.
Pflege: Im Frühjahr altes Laub abschneiden.
Verwendung: Vielseitig: Als Beeteinfassung, an
Treppen, auf Mauern oder vor Gehölzen.

5 Zwerg-Herzblume
Dicentra formosa

S   ⇧ 20–30   ✿ 7–8   ◑-●

Graziler Bodendecker mit zartem Blütenflor.
Wuchs: Durch kurze Ausläufer teppichbildend,
Blätter blaugrün, farnartig gefiedert.
Blüte: Rosarot, selten weiß, gestreckt herzför-
mig, in bogenartigen Trauben über dem Laub-
teppich.
Pflege: Bei anhaltender Trockenheit wässern.
Verwendung: Schön zu naturhaften Arten wie
Akelei, *Brunnera* oder Gedenkemein.

6 Großblütige Elfenblume
Epimedium grandiflorum

S   ⇧ 20–30   ✿ 4–5   ◑-●

Problemloser Bodendecker mit hübschen Blüten.
Wuchs: Flächig-polsterförmig mit sommer-
grünen, 3-teiligen, asymmetrisch-herzförmigen
Blättern.
Blüte: Groß, rosa, violett oder weiß, in Rispen
über dem Laubteppich.
Pflege: Altes, unansehnliches Laub abschneiden,
sonst keine Pflege nötig.
Verwendung: Als Bodendecker vor und unter
Gehölzen. Schön zu Gräsern.

Sorten: 'Lilafee' (Foto), violett, großblütig.

Rasen-Schmiele
Deschampsis cespitosa

1

G   ⬆ 40–120   ✿ 6–7   ◐

Zauberhaft zart und duftig im Gegenlicht.
Wuchs: Halbkugelige bis breite Horste, lange, schmale, oberseits raue Blätter in frischem Grün.
Blüte: Fein verästelte, längliche Blütenrispen auf straffen Stielen über dem Laub.
Pflege: Kaum Pflege. Blütentriebe wegen der dekorativen Wirkung über Winter stehen lassen.
Verwendung: Einzeln auf ausreichend feuchten Böden.

Sorten: 'Goldschleier', färbt sich goldgelb; 'Bronzeschleier', früh blühend, färbt sich goldbraun; 'Tardiflora', etwas niedriger und kompakter, nach der Blüte hellbraun;

Schnee-Marbel
Luzula nivea

2

G   ⬆ 20–40   ✿ 6–7   ◐–●

Duftiges Gras für schattige Bereiche.
Wuchs: Lockere Horste, durch Ausläufer allmählich rasenartig. Dunkelgrüne, am Rand bewimperte, schmale Blätter, die stark überhängen. Wintergrün.
Blüte: Weiße büschelige Rispen über dem Laub.
Pflege: Braucht keine Pflege. Rückschnitt erst im Frühjahr.
Verwendung: Als Bodendecker unter Gehölzen.

Gelbbuntes Japan-Waldgras
Hakonechloa macra 'Aureola'

3

G   ⬆ 30–50   ✿ 8–9    ◐

Eleganter Blattschmuck und Blickfang.
Wuchs: Buschige Horste, die sich durch Ausläufer langsam verbreitern. Übergeneigte Triebe mit hellgrünen, gelb gestreiften Blättern.
Blüte: Lockere Rispen, nur wenig über dem Laub.
Pflege: Leichter Winterschutz in raueren Lagen.
Verwendung: Im Beet oder am Gehölzrand mit anders gefärbten Blattschmuckstauden. Keine zu trockenen Böden wählen.
Hinweis: Vergrünt im tieferen Schatten.

4 Japan-Segge
Carex morrowii

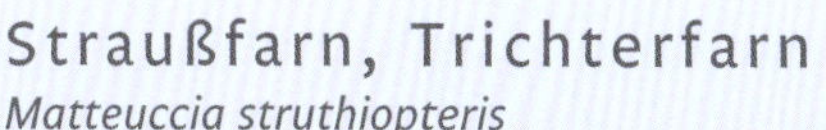 G    30–40    4–5   ◑

Immergrüner Bodendecker für Schattenpartien.
Wuchs: Halbkugelige, etwas struppig wirkende Horste mit schmalen, übergebogenen Blättern.
Blüte: Unscheinbare, gelbbraune Ähren.
Pflege: Bei Trockenheit wässern, in rauen Lagen vor Wintersonne schützen. Verbraunte Horste im Frühjahr scharf zurückstutzen.
Verwendung: Am besten in Gruppen, am Gehölzrand oder zusammen mit Stauden im Beet.

Sorten: 'Variegata' (Foto), Blätter am Rand gelb gestreift; 'Ice Dance', ähnliche, verbesserte Sorte mit breiteren Streifen.

5 Straußfarn, Trichterfarn
Matteuccia struthiopteris

F   80–120   ✿ –   ◑-●

Ebenmäßig geformter Farn in frischem Grün.
Wuchs: Schlanke Trichter aus großen, hellgrünen Wedeln mit sehr regelmäßiger Fiederung. Verbreitet sich flächig durch Ausläufer.
Pflege: Bei Trockenheit rechtzeitig wässern, sonst welken die Blätter. Ausläufer abstechen.
Verwendung: Schön unter Gehölzen, auch am Wasser. Auf ausreichend Bodenfeuchte achten.
Hinweis: Treibt im Sommer im Zentrum kürzere, braune Wedel, die die Sporen bilden.

6 Weicher Schildfarn
Polystichum setiferum

F   40–80   ✿ –   ◑-●

Der am feinsten gefiederte Garten-Farn.
Wuchs: Breite Horste mit fein gefiederten, an der Rippe beschuppten Wedeln; wintergrün.
Pflege: Vor Austrocknung (auch im Winter) schützen. In rauen Lagen etwas Winterschutz geben.
Verwendung: Auf ausreichend bodenfeuchten Plätzen unter Gehölzen.

Sorten: 'Herrenhausen' (Foto), größer und breiter als die Art; kräftig grün; 'Plumosum Densum', Flaumfeder-Filigranfarn, noch stärker zerteilte Wedelfiedern, teils gekräuselt.

Im trockenen Schatten unter Bäumen

Dies ist wohl der schwierigste Standort im Garten: Eine Fläche unter höheren Bäumen oder Sträuchern, deren dichtes Laub kaum Sonne und Regen durchlässt. Abgeschirmt vom Blätterdach ist der Boden darunter schattig und trocken zugleich; das wenige Wasser, welches dennoch in der Erde ankommt, nehmen die Gehölzwurzeln begierig auf.

Unter solchen Bedingungen tun sich die allermeisten Pflanzen schwer. Sie erhalten nur wenig Licht, dazu kaum Feuchtigkeit. Nur die robustesten Spezialisten können hier überleben. Pflan-

zen, die an diesem Standort gedeihen sollen, müssen anspruchslos, aber anpassungsfähig sein. Als Gartenbesitzer können sie hier keine Blühwunder erwarten; aber wenn es Ihnen gelingt, den Bereich unter Ihren Gehölzen zu begrünen und es dort auch noch ab und an blüht, können Sie dies getrost als echten Gärtnererfolg für sich verbuchen.

Wie selbst Schattenbereiche wirkungsvoll begrünt werden können, zeigt diese Situation mit der flächig gepflanzter Golderdbeere.

1 Efeu
Hedera helix

| K | ↑ 2->5 m | ✿ 9–10 | ☀-● |

Immergrünes Blätterkleid mit wenig Ansprüchen.
Wuchs: Am Boden kriechend bzw. an Stämmen etc. selbstkletternd (mit Haftwurzeln), mit stark verholzenden Trieben und 3- bis 5-lappigen, im Alter rautenförmigen, immergrünen Blättern.
Blüte: Erst im Alter kleine, grüngelbe, duftende Blüten in rundlichen Dolden; schwarze Beeren.
Pflege: Keine Pflege nötig.
Verwendung: Zur Begrünung von Problemflächen unter Gehölzen ideal, da sehr schattentolerant.

Sorten: 'Arborescens', wächst strauchartig, bis etwa 1 m hoch, kann auch geschnitten werden.

2 Balkan-Storchschnabel
Geranium macrorrhizum

| S | ↑ 30–40 | ✿ 6–7 | ◑-● |

Anspruchsloser Bodendecker unter Gehölzen.
Wuchs: Flächig; kriechende Rhizome mit großen, handförmigen Blättern.
Blüte: Klein, weißlich- oder karminrosa, über dem Laubteppich.
Pflege: Keine Pflege nötig.
Verwendung: Als Flächendecker unter Gehölzen oder in schwer zu pflegenden Bereichen.

Sorten: 'Album' (Foto), weiß; 'Czakor', karminrosa; 'Spessart', weißlich rosa.

3 Bergenie
Bergenia-Hybriden

| S | ↑ 30–40 | ✿ 4–5 | ◑ |

Sehr anspruchsloser, langlebiger Frühjahrsblüher.
Wuchs: Langsam kriechende Rhizome mit großen ledrigen rundlichen Blättern; immergrün, schöne Herbstfärbung.
Blüte: Trichterförmig, rot, rosa oder weiß, in dichten, gestielten Trauben über dem Laub.
Pflege: Im Frühjahr altes Laub abschneiden.
Verwendung: Vielseitig: Als Beeteinfassung, an Treppen, auf Mauern oder vor Gehölzen.

Teppich-Astilbe
Astilbe chinensis var. *pumila*

S ⬆ 20–30 ❀ 8–9 ◐-●

Robuster rosa Bodendecker.
Wuchs: Flache, kriechende Horste mit gefiedertem, gezähntem Laub.
Blüte: Kleine, duftige Rispen in Rosa.
Pflege: Bei anhaltender Trockenheit wässern.
Verwendung: Gruppenweise pflanzen. Sehr schön zu Gräsern und anderen Schattenstauden.

Gefiederte Elfenblume
Epimedium pinnatum subsp. *colchicum*

S ⬆ 20–30 ❀ 4–5 ◐-●

Flächendecker mit schöner Herbstfarbe.
Wuchs: Flächendeckend mit auch im Winter grünen, 3- bis 5-teiligen, herzförmigen, ledrigen Blättern.
Blüte: Klein, gelb, in Rispen über dem Laubteppich.
Pflege: Altes, unansehnliches Laub abschneiden, sonst keine Pflege nötig.
Verwendung: In Gruppen als problemloser Flächendecker vor und unter Gehölzen.
Hinweis: Verträgt auch trockenere Böden.

Ysander, Dickmännchen
Pachysandra terminalis

HStr ⬆ 10–30 ❀ 4–5 ◐-●

Völlig problemlose Gehölzunterpflanzung.
Wuchs: Teppichbildende Triebe mit spatelförmigen, immergrünen, ledrigen Blättern.
Blüte: Weiß, klein, in kurz gestielten Ähren über dem Laub.
Pflege: Keine Pflege nötig.
Verwendung: Für große und kleine Flächen unter Gehölzen. Schön mit Gräsern und Farnen.
Hinweis: Braucht zum Anwachsen etwas Bodenfeuchte.

4 Kleines Immergrün
Vinca minor

S   ⬆ 10–20   ✿ 4–5   ◑–●

Problemloser Flächendecker für Schattenplätze.
Wuchs: Teppiche aus niederliegenden, sich bewurzelnden Trieben mit gegenüber stehenden, elliptischen, glänzend grünen Blättern; immergrün.
Blüte: Zarte violette, rote oder weiße Blütensterne in den Blattachseln.
Pflege: Keine Pflege nötig. Bei Bedarf abstechen.
Verwendung: Als Bodendecker unter Gehölzen.
Hinweis: Die Pflanze ist giftig!

5 Golderdbeere, Waldsteinie
Waldsteinia geoides

S   ⬆ 10–20   ✿ 4–5   ◑–●

Robuste Staude mit hübscher Frühjahrsblüte.
Wuchs: Rundliche Horste, die Triebe mit drei- bis fünflappigem, dunkelgrünem Laub.
Blüte: Gelb, erdbeerähnlich, auf verzweigten Stielen.
Pflege: Bei anhaltenden Trockenperioden wässern.
Verwendung: Als Bodendecker für kleine Bereiche oder in Gruppen mit Frühjahrsblühern unter Gehölzen.

6 Gewöhnlicher Wurmfarn
Dryopteris filix-mas

F   ⬆ 60–100   ✿ —   ◑–●

Verbreitet das Flair heimischer Wälder.
Wuchs: Breit trichterförmig, die dunkelgrünen, breiten Wedel sind doppelt gefiedert und entrollen sich allmählich nach dem bischofsstabartigen Austrieb.
Pflege: Sehr robust. Bei anhaltender Trockenheit wässern. Ältere Wedel belassen (Dünger!).
Verwendung: Kommt mit vielen verschiedenen Böden und Standorten zurecht.

Ähnliche Art: *Dryopteris erythrosora* (Foto), Rotschleier-Wurmfarn, ähnlich, aber eleganter, rotbraune Mittelrippe, 50–70 cm.

Das Wasser
immer in der Nähe

Ganz gleich ob Sie einen Teich, einen Bachlauf oder einfach nur leicht sumpfige Bodenverhältnisse haben – die folgenden Pflanzen kommen damit bestens zurecht: Sie lieben die Nähe zum Wasser. Können sie im feuchten Untergrund wurzeln, danken sie es Ihnen mit üppigem Wuchs und ebensolcher Blätterpracht. Einige der imposantesten Gestalten des Gartens finden sich hier, selbst einzeln stehend bereiten sie als Blickfang wahre Freude. Diese Üppigkeit hat freilich ihren Preis: Pflanzen für feuchte Standorte neigen zum Wuchern, so-

dass Sie in eine solche Pflanzung immer wieder regulierend eingreifen müssen. Deshalb ist es unerlässlich, das Wurzelwerk von Zeit zu Zeit mit dem Spaten abzustechen. Doch der Lohn der Arbeit entschädigt für alle Mühen: Eine blütenreiche Pflanzung, welche auch durch prächtigen Blattschmuck erfreut.

Hier herrscht pralle Lebensfreude – Gold-Felberich, Sumpf-Dotterblume, Gauklerblume, Iris & Co fühlen sich in Wassernähe pudelwohl.

1 Gewöhnlicher Wasserdost
Eupatorium cannabinum

S · ↑ 100–150 · ✿ 7–9 · ☀-◑

Wuchsfreudiger heimischer Uferbegleiter.
Wuchs: Große Horste aus straff aufrechten Trieben und handförmig gefiederten Blättern.
Blüte: Kleine rosa Körbchenblüten in dichten, kuppelförmigen Doldenrispen.
Pflege: Bei anhaltender Trockenheit wässern; wuchernde Horste bei Bedarf abstechen.
Verwendung: Einzeln oder in kleinen Gruppen am Teich, vor Gehölzen, in naturnahen Pflanzungen.

2 Riesen-Alant
Inula magnifica

S · ↑ 150–200 · ✿ 7–8 · ☀

Eindrucksvolle Solitärstaude mit Platzbedarf.
Wuchs: Große, breite Horste aus kräftigen, straffen Trieben mit breit eiförmigen, sehr großen, nach oben kleiner werdenden Blättern.
Blüte: Große gelbe Körbchenblüten mit feinen Strahlen an den Enden verzweigter Stiele.
Pflege: Bei anhaltender Trockenheit wässern, gelegentlich düngen oder mit Kompost versorgen.
Verwendung: Einzeln am sonnigen Teich- oder Gehölzrand.

3 Bronze-Schaublatt
Rodgersia podophylla

S · ↑ 80–150 · ✿ 6–7 · ◑-●

Dekorativer Blattschmuck für den Wassergarten.
Wuchs: Breite, üppige Horste mit sehr großen, handförmig geteilten, beim Austrieb bronzefarbenen Blättern.
Blüte: Klein, weißlich, in üppigen, kegelförmigen Rispen über dem Laub.
Pflege: Bei Bedarf wässern und düngen. Verblühtes entfernen.
Verwendung: Als Blickpunkt in Gewässernähe, zusammen mit üppigen Begleitern und Gräsern.

Ähnliche Art: *R. henrici* (Foto), blüht rosa, 100 cm.

Kerzen-Ligularie
Ligularia przewalskii

| S | ↑ 100–150 | ✿ 7–8 | ☀-◑ |

Attraktive Großstaude für feuchte Plätze.
Wuchs: Große Horste aus straff aufrechten Trieben mit großen, herzförmigen, scharf eingeschnittenen Blättern.
Blüte: Kleine gelbe Körbchenblüten in langen, dichten, kerzenförmigen Blütenständen.
Pflege: Regelmäßig wässern und düngen. Den jungen Austrieb vor Schnecken schützen.
Verwendung: In kleinen Gruppen auf ausreichend feuchten Böden, am Bach- und Teichrand. Wirkungsvoll mit hohen Gräsern als Hintergrund.

Gold-Felberich
Lysimachia punctata

| S | ↑ 60–100 | ✿ 6–8 | ☀-◑ |

Üppiger Dauerblüher mit Ausbreitungsdrang.
Wuchs: Aufrechte, dicht breit lanzettlich belaubte Triebe, die sich durch Ausläufer stark ausbreiten.
Blüte: Leuchtend gelbe Sterne in den Blattachseln.
Pflege: Benötigt keine besondere Pflege.
Verwendung: In kleinen Gruppen, am Gehölzrand, in Teichnähe und in der Rabatte.

Blut-Weiderich
Lythrum salicaria

| S | ↑ 60–120 | ✿ 7–9 | ☀-◑ |

Leuchtkräftige heimische Ufer-Wildstaude.
Wuchs: Aufrechte Horste mit straffen, dicht mit lanzettlichen Blättern besetzten Trieben.
Blüte: Klein, sternförmig, purpurrosa, in dichten Kerzen an den Triebenden.
Pflege: Bei anhaltender Trockenheit wässern. Verblühtes abschneiden.
Verwendung: In Gruppen am Teich- und feuchten Gehölzrand, am Bachlauf, im naturnahen Garten. Schön zu Wiesen-Iris, Gold-Felberich und Gräsern.

4 Schildblatt
Darmera peltata (Syn.: *Peltiphyllum peltatum*)

S   50–100   4–5   ☀–●

Üppiger Blattschmuck mit schöner Herbstfarbe.
Wuchs: Breite, üppige Horste mit lang gestielten,
schildförmigen, am Rand gelappten Blättern.
Blüte: Klein, weiß oder rosa, in breit kegelför-
migen Rispen auf etwa 50 cm hohen Stielen,
erscheinen vor dem Laubaustrieb.
Pflege: Verblühtes abschneiden.
Verwendung: Einzeln in Gewässernähe.

5 Purpur-Mädesüß
Filipendula purpurea

S   70–100   7–8   ☀–◑

Uferstaude mit duftigem Blütenschmuck.
Wuchs: Breite Horste mit straffen Trieben und
gefiederten Blättern, treibt Ausläufer.
Blüte: Klein, dunkelrosa, in dichten, fedrigen
Doldenrispen über dem Laub.
Pflege: Bei Bedarf Ausläufer abstechen.
Verwendung: Einzeln oder in kleinen Gruppen
am Gehölzrand, Bachlauf oder Teich. Schön mit
Wasserdost, Wiesen-Iris und Gräsern.

Sorten/Arten: ‘Elegans’, karminrosa; *F.*-Hybride ‘Kahome’
(Foto), leuchtend rosa, blüht 7–9.

6 Sibirische Wiesen-Iris
Iris sibirica

S   40–100   5–6   ☀–◑

Edle und grazile Blüten in vielen Farben.
Wuchs: Rhizom mit dichten Horsten schilfartiger
Blätter und straffen Blütentriebe.
Blüte: Zahlreiche typische Iris-Blüten, bei der
Wildform violett mit Zeichnung, bei den Zucht-
sorten Blau, Violett, Weiß, selten Gelb oder Pink.
Pflege: Braucht am richtigen Platz kaum Pflege.
Verwendung: Gruppenweise am Bach- oder
Teichrand sowie auf bodenfeuchten Rabatten;
schön zu Frauenmantel, Taglilien, Trollblumen.

Sorten: ‘Cambridge’, hellblau; ‘White Swirl’, weiß.

Schlangen-Knöterich
Persicaria bistorta (Syn.: *Polygonum bistorta*)

S ⬆ 50–90 ❀ 5–6 ☀–◐

Unkomplizierter heimischer Flächendecker.
Wuchs: Durch kriechende Ausläufer teppichbildend, Triebe mit breit lanzettlichen Blättern.
Blüte: Winzig, rosa, in walzenförmigen Ähren an langen Stielen über dem Laubteppich.
Pflege: Benötigt keine besondere Pflege. Zu stark wuchernde Teppiche bei Bedarf abstechen.
Verwendung: Flächig am Bach- und Teichufer oder am feuchten Gehölzrand; schön zu Schau- und Tafelblatt, Mädesüß und Schnee-Felberich.

Wald-Storchenschnabel
Geranium sylvaticum

S ⬆ 40–60 ❀ 6–7 ☀–◐

Pflegeleichte Unterpflanzung mit Naturcharme.
Wuchs: Lockere, aufrechte Horste, die etwas auseinanderfalen, tief eingeschnittene Blätter.
Blüte: Violett oder wieß, trichterförmig, teils nickend, in lockeren Trauben über dem Laub.
Pflege: Keine Pflege nötig.
Verwendung: Heimische Art für naturnahe Pflanzungen auf feuchten Böde, auch zum verwildern.

Sorten: 'Album' (Foto), weiß; 'Mayflower', blauviolett.

Taglilie
Hemerocallis-Hybriden

S ⬆ 50–100 ❀ 6–9 ☀–◐

Eine neue Blüte für jeden Tag.
Wuchs: Breite Horste mit grasförmigen Blättern.
Blüte: Trichterförmig, in Gelb-, Orange-, Rosa- und Rottönen bis Violett. Die Einzelblüte hält nur einen Tag, doch treiben laufend neue Knospen.
Pflege: Stiele nach der Blüte ausschneiden.
Verwendung: In Gruppen auf feuchten Böden, am Teich- und Gehölzrand; schön mit Wiesen-Iris, Himmelsleiter, Storchschnabel, Gräsern.

Sorten und Arten: Großes Spektrum an Miniatur-, Klein- und Großblütigen Sorten in vielen Farben, außerdem Wildarten wie *H. fulva* 'Kwanso' (Foto), braunorange, leicht gefüllt, 100 cm.

4 Funkie, Herzlilie
Hosta-Hybriden

S | 20–120 | 6–8 | ◐–●

Herrlicher Blattschmuck in Wassernähe.
Wuchs: Kompakte Horste mit lang gestielten, ganzrandigen, derben, stark geaderten Blättern.
Blüte: Je nach Sorte violette oder weiße, längliche Glocken in lang gestielten Trauben.
Pflege: Gelegentlich düngen. Vor allem den Austrieb vor Schneckenfraß schützen.
Verwendung: Einzeln oder in Gruppen am ausreichend feuchten Gehölz- oder Teichrand.

Sortenbeispiel: 'Sum and Substance' (Foto), sehr groß und breit, gelbgrünes bis gelbes, schneckenrobustes Laub, Blüte lilablau, 80 cm.

5 Garten-Trollblume
Trollius-Hybriden

S | 40–70 | 4–6/9 | ☀–◐

Dekorative Frühlingsstaude mit Kugelblüten.
Wuchs: Buschige Horste mit verzweigten Trieben und handförmig zerteilten Blättern.
Blüte: Kugelige Einzelblüten an den Stielenden, gelb bis orange, meist dicht gefüllt.
Pflege: Durch Rückschnitt nach der Blüte erzielt man eine Zweitblüte. Bei Trockenheit wässern.
Verwendung: Gruppenweise im Uferbereich oder auf feuchtem Boden, mit Primeln und Wiesen-Iris.
Hinweis: Alle Teile der Pflanze sind giftig!

6 Etagen-Primel
Primula-Bullesiana-Hybriden

S | 40–60 | 6–7 | ◐–●

Wunderschöner Bachlaufbegleiter in Pastellfarben.
Wuchs: Grundständige Rosette aus länglich eiförmigen, hellgrünen Blättern, aus deren Mitte die straffen Blütenstiele entspringen.
Blüte: Klein, trichterförmig, in dichten Quirlen, in warmen Gelb-, Orange- und Rottönen sowie Weiß.
Pflege: Vor Trockenheit und Schnecken schützen.
Verwendung: Gruppenweise auf feuchten Böden, mit Farnen und Gräsern.

Japanische Etagen-Primel
Primula japonica

S   ⇧ 40–60   ✿ 6–7   ◐–●

Bringt schattig-feuchte Partien zum Leuchten.
Wuchs: Grundständige Rosette aus länglich ei-
förmigen, hellgrünen Blättern, aus deren Mitte
die straffen Blütenstiele entspringen.
Blüte: Klein, trichterförmig, rot oder weiß, in
dichten, übereinander stehenden Quirlen.
Pflege: Vor Trockenheit und Schnecken schützen.
Verwendung: Gruppenweise am Bach- und
Teichrand, auf feuchten bis nassen Böden.

Sorten: 'Alba', weiß; 'Miller's Crimson', leuchtend karminrot.

Rote Nelkenwurz
Geum coccineum

S   ⇧ 20–40   ✿ 5–7   ☀–◐

Blüht reich und lange in warmen Farben.
Wuchs: Durch Ausläufer Flächen bildend; aufrechte Triebe mit unregelmäßig gelapptem Laub.
Blüte: Leuchtend orangerote, teils gefüllte Schalen auf langen Stielen über dem Blätterteppich.
Pflege: Keine besondere Pflege. Der Rückschnitt
von Verblühtem verlängert die Blütezeit.
Verwendung: In Gruppen; schön zu gelb und
violett blühenden Partnern.

Himmelsleiter, Jakobsleiter
Polemonium caeruleum

S   ⇧ 40–60   ✿ 5–6/9   ☀–◐

Filigranes Laub und himmelblaue Blüten.
Wuchs: Kompakte Horste aus gefiederten, leiter-
artigen Blättern und straffen Blütentrieben.
Blüte: Klein, glockig, duftend, himmelblau oder
weiß, in dichten Trauben an den Triebenden.
Pflege: Vor Austrocknung und Schnecken schüt-
zen. Rückschnitt nach der Blüte für Zweitblüte.
Verwendung: In kleinen Gruppen auf feuchten
Böden; schön zu Trollblumen und Wiesen-Iris.

Sorten: 'Album', weiß; 'Brise d'Anjou', Blätter weißgelb
gefleckt und gerandet; 'Lambrook Mauve' (Foto), lilablau.

4 Frauenmantel
Alchemilla mollis

S   ⇧ 30–40   ✿ 6–7   ☀-◑

Vielseitig kombinierbare, robuste Begleitstaude.
Wuchs: Halbkugelförmig mit großen, rundlichen, gelappten Blättern.
Blüte: Dichte grüngelbe Schleier kleiner Blüten.
Pflege: Rückschnitt nach der Blüte, altes Laub im Frühjahr entfernen.
Verwendung: Lässt sich als Bodendecker, Randbepflanzung, im Beet oder am Wasser verwenden.

5 Sumpf-Dotterblume
Caltha palustris

S   ⇧ 20–30   ✿ 4–5   ☀-◑

Heimische Sumpfstaude mit Frühjahrsblüte.
Wuchs: Breite Horste mit rundlich-nierenförmigen, glänzenden, dunkelgrünen Blättern.
Blüte: Leuchtend dottergelbe Schalenblüten an verzweigten Stielen über dem Laub.
Pflege: Rückschnitt nach der Blüte hält die Pflanzen robust und bewirkt Zweitblüte im Sommer.
Verwendung: Auf feuchten bis nassen Böden (bis 10 cm Wasserstand), an Bach- und Teichrändern.
Hinweis: Alle Teile der Pflanze sind giftig!

Sorten: 'Multiplex', mit pomponartig gefüllten Blüten.

6 Schachbrettblume
Fritillaria meleagris

Z   ⇧ 20–30   ✿ 4–5   ◑

Selten gewordene heimische Sumpfwiesenpflanze.
Wuchs: Aus einer Zwiebel treibt ein einzelner, grasartig beblätterter Stängel. Bildet Brutzwiebeln.
Blüte: Becherförmig, hängend, braunviolett mit schachbrettartigem Muster, selten reinweiß.
Pflege: Ungestört wachsen lassen, ab und zu mit Kompost versorgen. Von Konkurrenz freihalten.
Verwendung: In Gruppen auf feuchten bis zeitweilig nassen Böden am Teichufer oder vor lichten Gehölzen.
Hinweis: Die Art steht bei und unter Naturschutz.

Gauklerblume
Mimulus-Hybride

S/☉   ⇧ 20–40   ✿ 6–9   ☀–◑

Fröhlich leuchtende Farbkleckse am Teich.
Wuchs: Sich durch Kriechtriebe langsam ausbreitende Horste, Stängel mit eiförmigen Blättern.
Blüte: Große Rachenblüten an den Triebenden, oft gefleckt, in Gelb-, Orange und Rottönen.
Pflege: Nicht austrocknen lassen. Durch höhere Nachbarn stützen. In rauen Lagen Winterschutz.
Verwendung: Gruppenweise auf feuchten Plätzen; schön zu Gräsern, Bartfaden, Taglilien.
Hinweis: Kurzlebige Staude, versamt sich aber.

Sorten: 'Bees' Major' (Foto), gelborange mit roten Flecken.

Weiße Scheinkalla
Lysichiton camtschatcensis

S   ⇧⇧ 40–80   ✿ 4–5   ☀–◑

Frühlingsblühender Blickfang mit Exoten-Charme.
Wuchs: Unterirdisch kriechender Wurzelstock (Rhizom), dem Horste aus großen, herzförmigen, lang gestielten Blättern entspringen.
Blüte: Winzig, in gestieltem Kolben, von weißem Hüllblatt umgeben, vor dem Laubaustrieb.
Pflege: In rauen Lagen etwas Winterschutz geben.
Verwendung: In kleinen Gruppen, zusammen mit Primeln, Trollblumen oder Iris.

Ähnliche Art: *L. americanus*, Gelbe Scheinkalla, etwas größer, mit gelbem Hüllblatt, 40–90 cm.

Pfennigkraut
Lysimachia nummularia

S   ⇧ 5–10   ✿ 5–7   ☀–●

Robuster Bodendecker für feuchte Standorte.
Wuchs: Durch Kriechtriebe flache Teppiche bildend, Blätter rundlich, paarweise angeordnet.
Blüte: Schalenförmig, leuchtend gelb, in den Blattachseln sitzend.
Pflege: Benötigt keine besondere Pflege.
Verwendung: Als Flächendecker vom feuchten Gehölzrand bis zur Uferzone vielfältig verwendbar.

4 Chinaschilf
Miscanthus sinensis

G　🔼 60–250　✿ 8–10　☀

Das wohl eindrucksvollste Gartengras.
Wuchs: Große, im Alter durch Ausläufer breite Horste mit schilfartigen, elegant übergeneigten Blättern. Schöne Herbstfärbung.
Blüte: Federartige Blütenrispen an den straffen Triebenden, je nach Sorte silbrig bis rötlich.
Pflege: Rückschnitt wegen der Winterzierde erst im Frühjahr. Bei Trockenheit wässern.
Verwendung: Als Solitär, Blattschmuck- oder Hintergrundpflanzung.

Sorten: 'Malepartus', silbrig rot blühend, rotbraune Herbstfarbe, 170–200 cm; 'Silberfeder', silbrig-weiß blühend, goldgelbe Herbstfarbe, 160–200 cm.

5 Riesen-Pfeifengras
Molinia arundinacea

G　🔼🔼 40–240　✿ 8–10　☀-◐

Echtes Riesengras mit übergroßer Blütenfülle.
Wuchs: Aufrechte, lockere Horste mit überhängenden, breit linealischen Blättern.
Blüte: Stark verzweigte, sehr große Blütenrispen an straff aufrechten Stielen, schöne Herbstfärbung.
Pflege: Rückschnitt erst im Frühjahr.
Verwendung: Schön zu herbstfärbenden Gehölzen.

Sorten: 'Transparent', besonders feine Blütenrispen; 'Windspiel', Blütentriebe bis 240 cm, im Herbst goldgelb.

6 Morgenstern-Segge
Carex grayi

G　🔼 40–70　✿ 6–7　☀-◐

Frischgrünes Gras mit interessanten Früchten.
Wuchs: Schlanke Horste mit schmalen, frischgrünen, überhängenden Blättern.
Blüte: Unscheinbar; nach der Blüte sehr zierende, stachelige, morgensternartige Früchte.
Pflege: Keine Pflege nötig, kommt mit fast jedem Boden zurecht, selbst an sumpfigen Plätzen.
Verwendung: Für naturnahe Pflanzungen am Wasserrand; schön für Trockensträuße.

Gelb, Orange, Rot – Farben der Sonne

Gelbe Blüten lassen ein Beet sonnig leuchten, orangefarbene und rote bringen eine Pflanzung optisch zum Glühen. Deshalb spricht man bei ihnen von Pflanzen in warmen Farben. Genau diese sonnige Fröhlichkeit, gepaart mit optischer Wärme, ist es, was diese Pflanzen so überaus beliebt macht. Auffallend viele Körbchenblüher finden sich darunter, Verwandte der Sonnenblume, deren gelbe Blütenköpfe – einfach oder gefüllt – in den sommerlichen Beeten die Sonne imitieren. Dank ihrer gelben, orangefarben und roten Blüten lassen sich warme Pflanzen ganz einfach miteinander kombinieren: Da alle drei Töne aus derselben Farbfamilie stammen, harmonieren sie praktisch immer.

Die idealen Begleiter sind Gräser – sie fügen sich stets problemlos ein. Pflanzen mit gelbem Blattschmuck hingegen verstärken den sonnigen Effekt; soll Ihre Pflanzung besondere Ausdruckskraft besitzen, sollten Sie dunkellaubige Begleiter wählen.

Die Farben der Sonnenbraut-Blüten bringen Wärme ins Beet, das Reitgras im Hintergrund sorgt für die Kulisse.

1 Sonnenauge
Heliopsis helianthoides

S | ↑ 80–150 | 🌼 7–9 | ☀

Ein Klassiker unter den gelben Beetstauden.
Wuchs: Große, breite Horste mit spitz eiförmigem dunkelgrünem Laub.
Blüte: Zahlreiche große, gelbe, je nach Sorte auch gefüllte Körbchenblüten.
Pflege: Verblühtes ausschneiden, um die Blütezeit zu verlängern; bei Bedarf etwas stützen.
Verwendung: Im Sommer- und Herbstbeet; zusammen mit Sonnenbraut, Goldrute und Gräsern.

Sorten: 'Goldgefieder', goldgelb, gefüllt, 130 cm; 'Hohlspiegel', goldgelb, halbgefüllt und großblütig, 130 cm; 'Summer Nights', goldgelb mit orangeroter Mitte, ungefüllt, 120 cm.

2 Mexikanische Sonnenblume
Tithonia rotundifolia

☉ | ⇧↑ 40–150 | 🌼 7–10 | ☀

Pflegeleicht, attraktiv – und viel zu unbekannt.
Wuchs: Hohe Horste aus verzweigten, kräftigen Trieben mit großen herzförmigen Blättern.
Blüte: Große, orange Margeritenblüten mit gelber Mitte an den Stielenden über dem Laub.
Pflege: Eigene Aussaat nur mit Vorkultur im März. Braucht keine besondere Pflege.
Verwendung: Hohe Sorten im Beethintergrund, niedrige eingestreut zwischen Stauden.

3 Gewöhnliche Nachtkerze
Oenothera biennis

⊙ | ↑ 50–120 | 🌼 6–9 | ☀

Herrlicher Abendduft mit langer Blütezeit.
Wuchs: Im ersten Jahr eine Rosette aus länglichen Grundblättern, der im Folgejahr die hohen Blütentriebe entspringen.
Blüte: Große hellgelbe Schalenblüten in Büscheln, die sich erst abends öffnen und herrlich duften.
Pflege: Benötigt keine besondere Pflege.
Verwendung: In kleinen Gruppen im Beethintergrund, zusammen mit Sonnenhut, Sonnenauge, Salbei und hohen Gräsern.

Sonnenbraut
Helenium-Hybriden

1

S   ↑ 80–150   ✿ 6–9   ☼

Prächtige Sommerstaude in warmen Farben.
Wuchs: Große Horste mit lanzettlichen Blättern.
Blüte: Nach außen verbreitete Strahlenblüten in warmen Farben um eine kugelförmige Mitte.
Pflege: Bei Bedarf wässern, höhere Sorten stützen.
Verwendung: Im sonnigen Staudenbeet auf nicht zu trockenen Böden. Vielfältig kombinierbar.

Sorten: 'Dunkle Pracht' (Foto), orange, 120 cm; 'Moerheim Beauty', kupferrot, 80 cm; 'Zimbelstern', goldgelb, 120 cm.

Indianernessel
Monarda-Hybriden

2

S   ↑ 80–120   ✿ 7–9   ☼

Duftender Sommerblüher in Leuchtfarben.
Wuchs: Straff aufrechte Horste aus zahlreichen Trieben mit breit lanzettlichem, duftendem Laub.
Blüte: Langröhrige, rote, duftende Lippenblüten in dichten Quirlen.
Pflege: Ausreichend wässern, um Mehltau-Befall vorzubeugen; scharfer Rückschnitt nach der Blüte.
Verwendung: Gruppenweise in der Staudenrabatte; schön zu Sonnenhut, Rittersporn, Gräsern.

Sorten: 'Cambridge Scarlet', scharlachrot; 'Gardenview Scarlet', leuchtend dunkelrot.

Goldrute
Solidago-Hybriden

3

S   ↑ 60–80   ✿ 7–9   ☼

Duftiger und pflegeleichter Spätsommerblüher.
Wuchs: Buschige Horste mit straff aufrechten Trieben und lanzettlichen Blättern.
Blüte: Sehr kleine gelbe Körbchenblüten in dichten, stark verzweigten Rispen an den Triebenden.
Pflege: Bei Trockenheit wässern; Verblühtes ausschneiden, um lästiges Versamen zu verhindern.
Verwendung: In Gruppen zusammen mit anderen Sommerblühern wie Sonnenhut sowie Gräsern.

Sorten: 'Strahlenkrone' (Foto), goldgelb; 'Ledsham', hellgelb.

6 Gold-Garbe
Achillea filipendulina

| S | ⬆ 70–120 | ✿ 6–9 | ☀ |

Eine Palette warmer Farbtöne mit langer Blüte.
Wuchs: Aufrechte Horste mit straffen Stielen und fein gefiedertem, graugrünem Laub.
Blüte: Schirmförmige Teller aus Körbchenblüten in Gelbtönen, Hybriden auch rot und orange.
Pflege: Verblühtes ausschneiden, mäßig düngen.
Verwendung: Wunderbare Rabattenstaude, die sich vielseitig kombinieren lässt.

Sorten/Arten: 'Parker's Variety', leuchtend gelbe, kompakte Dolden, 120 cm. *A.*-Hybriden: 'Feuerland', leuchtend rot und gelbe Mitte; 'Terracotta', orangebraun, beide 80 cm.

5 Himalaja-Wolfsmilch
Euphorbia griffithii

| S | ⬆ 50–80 | ✿ 5–6 | ☀ |

Exotischer Farbklecks als Blickfang im Beet.
Wuchs: Breite Horste mit straff aufrechten Trieben und lanzettlichen Blättern, bildet Ausläufer.
Blüte: Winzig, mit orangeroten Hochblättern, in kleinen Dolden an den Stängelenden.
Pflege: In rauen Lagen Winterschutz geben.
Verwendung: In Rabatten, am Gehölzrand, mit Gräsern, gelb oder blau blühenden Partnern.
Hinweis: Die Pflanze und ihr Milchsaft sind giftig.

Sorten: 'Fireglow' (Foto), Blätter mit orangeroter Herbstfarbe.

6 Türkischer Mohn
Papaver orientale

| S | ⬆ 50–100 | ✿ 5–6 | ☀ |

Zur Blütezeit der Star im Staudenbeet.
Wuchs: Locker horstig, Blätter graugrün, länglich, fiederartig eingeschnitten, behaart.
Blüte: Sehr große Schalen in auffälligen Farben, in der Mitte oft schwarz gefleckt.
Pflege: Regelmäßig düngen und nach der Blüte scharf zurückschneiden.
Verwendung: In die Beetmitte oder im Hintergrund pflanzen, damit die Lücke nach dem Rückschnitt bzw. dem Einziehen verdeckt wird.

Bartfaden
Penstemon-Hybriden

1

S ⬆ 50–100 ✿ 6–9 ☀

Anmutige Blüten den ganzen Sommer lang.
Wuchs: Aufrechte Horste mit bogigen Trieben und schmal lanzettlichem Laub.
Blüte: Trichterförmig in lockeren Trauben, in Rosa, Rot, Violett oder Weiß, auch zweifarbig.
Pflege: Staunässe meiden. Ausreichend wässern, bei Bedarf stützen; in rauen Lagen Winterschutz.
Verwendung: Gruppenweise im Stauden- oder Sommerblumenbeet, auch im Kübel.

Kokardenblume
Gaillardia-Hybriden

2

S ⬆ 30–70 ✿ 7–9 ☀

Knallbunter sommerlicher Dauerblüher.
Wuchs: Buschige Horste mit aufrechten Trieben und breit lanzettlichen, weichhaarigen Blättern.
Blüte: Große Körbchenblüten, innen Rot, außen Gelb oder ganz in Rot.
Pflege: Scharfer Rückschnitt nach der Blüte, sonst kurzlebig.
Verwendung: Eingestreut ins Staudenbeet zu gelben und roten Blütenfarben. Gute Schnittblume.

Sorten: 'Burgunder' (Foto), weinrot; 'Kobold', gelb-rot, 30 cm.

Nadelblättriges Mädchenauge
Coreopsis verticillata

3

S ⬆ 30–60 ✿ 6–9 ☀

Dauerhafter Blütenflor in warmen Gelbtönen.
Wuchs: Breitbuschige Horste mit aufstrebenden Trieben und nadelförmigen Blättern.
Blüte: Große gelbe Sternblüten an den Triebenden.
Pflege: Benötigt kaum Pflege. Bei anhaltender Trockenheit wässern.
Verwendung: Lässt sich in Staudenrabatten vielseitig mit anderen Gelb-Blühern kombinieren.

Sorten: 'Grandiflora', goldgelb, 60 cm; 'Moonbeam', schwefelgelb, 40 cm.

4 Montbretie
Crocosmia × crocosmiiflora

Z	⭱ 60–100	✿ 7–9	☀

Exotische Blütenzierde in tropischen Leuchtfarben.
Wuchs: Zwiebelförmige Knollen, die dichte Horste aus schlanken, schwertförmigen Blättern bilden.
Blüte: Trichterförmig, orange, rot oder gelb, in verzweigten, gebogenen Ähren über dem Laub.
Pflege: Durchlässige, eher trockene Böden wählen, feuchte Plätze meiden. In rauen Lagen Winterschutz.
Verwendung: Gruppenweise im Staudenbeet; schön zu gelben Farben und Gräsern.

5 Sonnenhut
Rudbeckia fulgida 'Goldsturm'

S	⭱ 50–80	✿ 7–9	☀

Markanter Dauerblüher aus Amerikas Prärien.
Wuchs: Straff aufrecht mit breit lanzettlichen Blättern, bildet breite Horste.
Blüte: Gelborange Strahlenblüten um eine schwarzbraune, kugelige Mitte.
Pflege: Bei Trockenheit gießen. Verblühte Triebe zurückschneiden, um die Blüte zu verlängern.
Verwendung: In Gruppen. Gut mit Gräsern und vielen anderen Stauden zu kombinieren.
Hinweis: Über Winter stehen lassen.

6 Rotstielige Nachtkerze
Oenothera fruticosa subsp. *glauca*

S	⭱ 40–70	✿ 6–9	◐

Sommerlicher Langzeitblüher fürs Beet.
Wuchs: Buschige Horste aus aufrechten Trieben mit lanzettlichen Blättern; rote Herbstfarbe.
Blüte: Große, leuchtend gelbe, duftende Schalenblüten aus roten Knospen in dichten Trauben; kurzlebig, aber ständig nachblühend.
Pflege: Mäßig düngen, Verblühtes entfernen.
Verwendung: Schön mit Salbei, Langblättrigem Ehrenpreis, Monarden und Gräsern.

Sorten: 'Sonnenwende' (Foto), goldgelb, 60 cm.

Taglilie
Hemerocallis-Hybriden

1

S | ⬆ 50–100 | ✿ 6–9 | ☀–◑

Exotischer Blütenschmuck in warmen Farben.
Wuchs: Breite Horste mit grasförmigen Blättern.
Blüte: Trichterförmig, in Gelb-, Orange- und Rot-
tönen, auch zweifarbig. Die Einzelblüte hält nur
einen Tag, doch treiben laufend neue Knospen.
Pflege: Stiele nach der Blüte ausschneiden.
Verwendung: Auf nicht zu trockenen Böden;
schön zu Storchschnabel, Wiesen-Iris, Gräsern.

Sortenbeispiel: 'Burning Daylight' (Foto), 70 cm. Großes Spektrum an Miniatur-, Klein- und Großblütigen Sorten.

Gold-Wolfsmilch
Euphorbia polychroma

2

S | ⬆ 30–50 | ✿ 4–5 | ☀–◑

Farbkräftig im Frühling und im Herbst.
Wuchs: Rundliche Horste, Triebe mit weichen
eiförmigen Blättern, schöne Herbstfarbe.
Blüte: Winzig, mit leuchtend grüngelben Hoch-
blättern, in dichten Schöpfen an den Triebenden.
Pflege: Benötigt keine besondere Pflege. Bei Ver-
kahlen Rückschnitt nach der Blüte.
Verwendung: Im Frühlingsbeet, im Steingarten,
am Gehölzrand; schön zu Blumenzwiebeln.
Hinweis: Die Pflanze und ihr Milchsaft sind giftig.

Ringelblume
Calendula officinalis

3

☉ | ⬆ 30–60 | ✿ 6–10 | ☀

Warme Gelbtöne, die lange Freude bereiten.
Wuchs: Breite Büsche aus etwas staksig ver-
zweigten Trieben mit länglich ovalem Laub.
Blüte: Gelbe oder orange, einfache oder gefüllte
Körbchenblüten in reicher Fülle.
Pflege: Aussaat ins Freiland ab März. Für anhal-
tende Blüte Abgeblühtes ausschneiden; letzte
Blüten für die Selbstaussaat ausreifen lassen.
Verwendung: Niedrige Sorten im Beet, einge-
streut zwischen Stauden oder Sommerblumen.

Sorten: 'Midas Deep Orange' (Foto), gelborange, gefüllt.

4 Goldmohn
Eschscholzia californica

⊙ ↕ 30–40 ✿ 6–9 ☼

Anspruchsloser, goldiger Lückenfüller.
Wuchs: Locker verzweigt mit fein gefiedertem, graugrünem Laub.
Blüte: Schalenförmige kleine Mohnblüten in warmen Gelb- und Orangetönen, auch gefüllt.
Pflege: Aussaat ins Freie ab Ende März. Keine besondere Pflege nötig; nicht verpflanzen.
Verwendung: Am Beetrand oder eingestreut in Rabatten; bleibt durch Selbstaussaat erhalten.

Sorten: 'Thai Silk Inferno' (Foto), rotorange, gelb gestreift.

5 Zitronen-Tagetes
Tagetes tenuifolia

⊙ ↕ 20–40 ✿ 7–10 ☼

Pflegeleichter, gut kombinierbarer Dauerblüher.
Wuchs: Buschig, mit stark verzweigten Trieben und farnartig gefiedertem, aromatischem Laub.
Blüte: Zierliche Körbchenblüten in Gelb, Orange oder Braun, teils mit dunkler Mitte.
Pflege: Aussaat ins Freie ab Ende März. Verblühtes ausschneiden.
Verwendung: In Gruppen am Beetrand oder als Unterpflanzung; schön zusammen mit Ringelblumen, Mädchenauge, Sonnenhut.

6 Zinnie
Zinnia elegans

⊙ ↕ 30–90 ✿ 6–10 ☼

Dankbare Blüher in warmen Farben.
Wuchs: Buschig mit straff aufrechten Trieben und breit lanzettlichen Blättern.
Blüte: Einfache bis pomponartig gefüllte Körbchenblüten in Gelb, Orange und Rot.
Pflege: Aussaat ins Freie ab Mai. Reichlich wässern und düngen, Verblühtes ausschneiden.
Verwendung: Gruppenweise in Rabatten oder als Einfassung im Beet, sehr gute Schnittblumen!

Sorten: Großes Sortiment in vielen Farben, Höhen, Blütenfüllungen und -größen.

Rosa und Lila –
Romantik pur

Feminine Töne kommen mit rosa- und lilafarbenen Blüten ins Beet. Tragen dann noch rundliche Blütenformen wie Türken-Mohn oder Pfingstrosen diese weichen Farben, kommen Romantiker vollends ins Schwärmen.

Auf den folgenden Seiten zeigen wir Ihnen die beste Auswahl der schönsten Arten. Trotzdem ist es völlig unmöglich, das gesamte Spektrum zu präsentieren, da es bei kaum einer anderen Blütenfarbe so viele Zuchtsorten gibt. So ist die Rose 'Angela' stellvertretend für viele rosa Strauch-oder Beetrosen zu sehen, die mit die wichtigsten Elemente einer romantischen Pflanzung darstellen. Als Begleitpflanzen zu rosa bis lila Tönen bieten sich dunkellaubige Blattschmuckpflanzen an. Sie schaffen einen gleichmäßig dunklen Hintergrund. Die duftigen Töne heben sich wunderbar von ihm ab und können so besonders gut zur Geltung kommen.

Stauden-Phlox, Purpursonnenhut, Kosmeen – drei Paradebeispiele für ein gelungenes romantisches Beet.

Strauchrose 'Angela'
Rosa-Hybride

| R | 🌱 80–100 | ✿ 6–9 | ☀ |

Kompakte, reich blühende, gesunde Strauchrose.
Wuchs: Breitbuschiger, reich verzweigter Strauch.
Blüte: Mittelgroß, kugelig, kräftig rosa, halbge-
füllt, in dichten Büscheln, mit wenig Duft.
Pflege: Ausreichend wässern und düngen, bei
Bedarf auslichten, Verblühtes entfernen.
Verwendung: Einzeln im Beet oder in Gruppen
heckenartig am Zaun; vielseitig kombinierbar.

Sorten: Neben 'Angela' eignen sich noch zahlreiche weitere rosa
Sorten aus dem großen Sortiment der Beet- und Strauchrosen.

Rittersporn
Delphinium-Hybriden

| S | 🌱 80–200 | ✿ 6–8/9 | ☀ |

Ungewöhnliche Wirkung: Rosa Rittersporn.
Wuchs: Straff aufrechte Horste, Blätter hand-
förmig zerteilt.
Blüte: Je nach Sorte lockere bis sehr dichte
Kerzen aus gespornten Blüten in Rosa.
Pflege: Austrieb vor Schneckenfraß schützen.
Hohe Sorten stützen. Nach der Blüte bis auf
10 cm zurückschneiden, dann zweite Blüte.
Verwendung: Einzeln oder in kleinen Gruppen,
auf Beeten und Rabatten. Wunderbar zu Rosen.

Sorten/Arten: *D. × ruysii* 'Pink Sensation' (Foto), leuchtend
rosa; New Millenium 'Dusky Maidens', rosa mit dunklem Auge.

Kosmee, Schmuckkörbchen
Cosmos bipinnatus

| ⊙ | 🌱 60–120 | ✿ 7–10 | ☀ |

Klassiker unter den Dauerblühern fürs rosa Beet.
Wuchs: Aufrechte, steife, oberwärts verzweigte
Stängel mit nadelfein zerteiltem Laub.
Blüte: Große Schalenblüten in Rosa oder Pink mit
gelber Mitte, auch mit eingerollten Randblüten.
Pflege: Aussaat ins Freie ab Ende April. Verblüh-
tes laufend ausschneiden; bei Bedarf stäben.
Verwendung: In Gruppen, zu vielen Stauden und
Sommerblumen oder Rosen kombinierbar.

Stauden-Phlox
Phlox-Paniculata-Hybriden

S · 70–130 · 6–8 · ☀

Duft und üppige Blüte fürs Sommerbeet.
Wuchs: Dichte Horste mit straffen Trieben und gegenüberstehende, spitz-eiförmige Blätter.
Blüte: Tellerförmig in kuppelförmigen Trauben, Rosa oder Violett, oft mit Auge, stark duftend.
Pflege: Ausreichend wässern und düngen, bei Bedarf stützen, nach der Blüte zurückschneiden.
Verwendung: Gruppenweise im Beet, mit anderen Stauden, Gräsern oder als große Phlox-Gruppe.

Sorten: 'Düsterlohe', dunkelviolett; 'Landhochzeit' (Foto), hellrosa mit rotem Auge; 'Württembergia', karminrosa.

Herbst-Anemone
Anemone-Japonica-Hybriden

S · 40–120 · 8–10 · ◑

Anmutiger, langlebiger Herbstblüher.
Wuchs: Breitbuschig, mit verzweigten Trieben und großen, dreilappigen Blättern.
Blüte: Große, duftige Schalen in Rosa oder Weiß.
Pflege: Bei Trockenheit kräftig wässern.
Verwendung: Am Gehölzrand oder in halbschattigen Rabatten. Gut zu kombinieren.
Hinweis: Nichts für leicht austrocknende Böden.

Sorten: 'Königin Charlotte', rosa, halbgefüllt; 'Rosenschale', rosa mit dunklem Rand; 'Rotkäppchen' (Foto), rosa, gefüllt.

Indianernessel
Monarda-Hybriden

S · 80–120 · 7–9 · ☀

Aromatisch duftender Schmetterlingsmagnet.
Wuchs: Straff aufrechte Horste aus zahlreichen Trieben mit breit lanzettlichem, duftendem Laub.
Blüte: Langröhrige, rosa bis lilafarbene, duftende Lippenblüten in dichten Quirlen.
Pflege: Ausreichend wässern, um Mehltau-Befall vorzubeugen; scharfer Rückschnitt nach der Blüte.
Verwendung: Gruppenweise in der Staudenrabatte; schön zu weißen Blütenfarben und Gräsern.

4 Spinnenblume
Cleome hassleriana (Syn.: *C. spinosa*)

⊙ ⭱ 80–120 ✿ 7–10 ☀

Bizarrer Blütenschmuck, der für Aufsehen sorgt.
Wuchs: Aufrechte, locker verzweigte Triebe, teils bedornt, mit handförmig gefiederten Blättern.
Blüte: Rosa bis violette, stark zerteilte Blüten mit lang herausragenden Staubfäden.
Pflege: Bei eigener Anzucht Vorkultur ab März; feuchte Plätze meiden.
Verwendung: In kleinen Gruppen in der Staudenrabatte.

5 Edel-Pfingstrose
Paeonia-Lactiflora-Hybriden

S ⭱ 60–100 ✿ 5–6 ☀

Charaktervolle Blüten in barocker Pracht.
Wuchs: Breite Horste mit teils standschwachen Trieben und dunkelgrünen, gefiederten Blättern.
Blüte: Sehr groß, rundlich, einfach bis dicht gefüllt, in Weiß-, Rosa- und Rottönen, oft mit Duft.
Pflege: Nur flach pflanzen. Im Frühjahr düngen, bei Bedarf stützen, Verblühtes entfernen.
Verwendung: Einzeln in der Rabatte oder als Blickfang; schön zusammen mit Storchschnabel, Salbei, Taglilien und Gräsern.

Sorten: 'Sarah Bernhardt' (Foto), kräftig rosa, dicht gefüllt, duftend; daneben gibt es eine Fülle weiterer Sorten.

6 Purpursonnenhut
Echinacea purpurea

S ⭱ 60–100 ✿ 7–9 ☀

Sommerlicher Schmetterlingsmagnet.
Wuchs: Aufrechte Horste mit rauen, spitz-eiförmigen Blättern.
Blüte: Groß, einzeln, mit erhabener, orangebrauner Mitte und breiten Strahlen.
Pflege: Kurzlebig, daher regelmäßig nachpflanzen.
Verwendung: In Gruppen auf nicht zu schweren Böden in der Staudenrabatte.

Sorten: 'Kim's Knee High' (Foto), purpurrosa, nur 60 cm; 'Magnus', karminrot.

Bechermalve, Buschmalve
Lavatera trimestris

⊙ 🌡 50–100 ❀ 7–10 ☀

Bringt den Charme der Bauerngärten ins Beet.
Wuchs: Breite Büsche mit aufrechten Trieben und behaarten, herzförmigen Blättern.
Blüte: Groß, becherförmig, rosa oder karminrot, meist dunkler geadert.
Pflege: Aussaat ins Freiland ab April. Feuchte oder staunasse Böden meiden.
Verwendung: Im Stauden- oder Sommerblumenbeet; z. B. mit Kosmee, Duftwicke, Spinnenblume.

Sommeraster
Callistephus chinensis
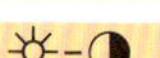

⊙ 🌡🌡 20–100 ❀ 7–9 ☀–◐

Warme Sommerfarben und lange Blühdauer.
Wuchs: Breite Büsche aus straffen Stielen mit grob eingeschnittenen Blättern.
Blüte: Je nach Sorte einfach, margeritenähnlich bis dicht gefüllt und asternartig, rosa, rot, violett.
Pflege: Aussaat ins Freie im Mai. Ausreichend wässern und düngen, Verblühtes ausschneiden.
Verwendung: Gruppenweise in bunten Rabatten mit Bauerngartenflair; sehr gute Schnittblume.

Sorten: Breites Sortiment mit sehr unterschiedlicher Höhe, Blütengröße und -füllung; meist als Farbmischung.

Türkischer Mohn
Papaver orientale

S 🌡 50–100 ❀ 5–6 ☀

Seidige Blüten in herrlich zarten Farben.
Wuchs: Locker horstig, Blätter graugrün, länglich, fiederartig eingeschnitten, behaart.
Blüte: Sehr große Schalen in Rosatönen, in der Mitte oft schwarz gefleckt.
Pflege: Regelmäßig düngen und nach der Blüte scharf zurückschneiden.
Verwendung: In die Beetmitte oder im Hintergrund pflanzen, damit die Lücke nach dem Rückschnitt bzw. dem Einziehen verdeckt wird.

Sortenbeispiel: 'Kleine Tänzerin' (Foto), lachsrosa, kleinblütig.

Prachtscharte
Liatris spicata

| S | ⬆ 40–90 | ✿ 7–8 | ☼ |

Exot aus den Prärien Nordamerikas.
Wuchs: Horste mit grasartigen Blattschöpfen.
Blüte: Kleine violette Körbchenblüten in dichten Ähren, die von unten nach oben aufblühen.
Pflege: Vor Stau- und Winternässe schützen.
Verwendung: In Gruppen auf sonnigen Beeten, zusammen mit Monarden, Ligularien, Gräsern.
Hinweis: Gute Schnittblume.

Sorten: 'Floristan Violett', 80 cm; Kobold', nur 40 cm; beide violett.

Tränendes Herz
Dicentra spectabilis

| S | ⬆ 60–80 | ✿ 5–6 | ◑ |

Verbreitet Anmut und romantisches Flair.
Wuchs: Breite Horste mit bogigen Trieben und graugrünen, gefiederten Blättern.
Blüte: Hängend, herzförmig, rosa mit weißer »Träne«.
Pflege: Braucht auf ausreichend feuchten Böden kaum Pflege. Möglichst nicht verpflanzen.
Verwendung: Einzeln und so pflanzen, dass die Lücke nach dem frühen Einziehen der Blätter verdeckt wird.

Federnelke
Dianthus-Plumarius-Hybriden

| S | ⬆ 10–40 | ✿ 5–7 | ☼ |

Hübsche Polster-Nelke mit üppiger Blüte.
Wuchs: Dichte flache Polster mit schmalen, graugrünen, wintergrünen Blättern.
Blüte: Rosa oder rot, auch gefüllt, tellerförmig mit gefransten Blütenblättern, stark duftend.
Pflege: Nur mäßig düngen, Verblühtes abschneiden.
Verwendung: In Gruppen als Beet- und Wegeinfassung, auf Mauerkronen, im Steingarten.

Sorten: 'Maggie', dunkelrosa, gefüllt; 'Welwyn' (= 'Warden Hybrid', Foto), leuchtend pink.

Blau und Violett – die Weite des Himmels

Unendliche Weite und erfrischende Kühle – das ist es, was die Farbe Blau ausmacht. Mit ihr assoziiert man den Himmel und das Meer, die Sehnsucht nach Unbegrenztheit und Freiheit. Kein Wunder also, dass gerade Blau zu den begehrtesten Blütenfarben im Garten zählt. Zugleich ist es in reiner Form aber auch am seltensten. Im Farbkreis liegen Blau und Violett direkt nebeneinander, sodass diese beiden Farben stets gut miteinander harmonieren.

Mit blauen Blüten gewinnt ein Beet an Tiefe, vor allem dann, wenn man Blau oder Violett mit kontrastierendem Gelb oder Orange kombiniert. Besonders edel dagegen wirkt ein blaues Beet, wenn darin auch weiße Blüten stehen – idealerweise als weiße Sorte der blau blühenden Art. Eine Pflanzung in Blau an der Grundstücksgrenze weitet den Garten, lässt ihn größer erscheinen – ein Kunstgriff, der bei Gestaltung kleiner Gärten besonders gerne verwendet wird.

Üppiger Pracht-Storchschnabel sorgt hier für tiefes Blauviolett, zu dem die Wiesen-Iris wunderbar harmoniert.

1 Garten-Eibisch
Hibiscus syriacus 'Blue Bird'

| Str | ↑ 1–2 m | ❀ 7–9 | ☀–◑ |

Schmuckstrauch mit ungewöhnlich großen Blüten.
Wuchs: Straff aufrechter, langsam wachsender
Strauch mit dreilappigen elliptischen Blättern.
Blüte: Große, blauviolette, malvenartige Scha-
lenblüten.
Pflege: Jungen Pflanzen etwas Laubschutz geben.
Rückschnitt im Frühjahr fördert den Blütenansatz.
Verwendung: Pflegeleichter Blütenstrauch für
Vorgärten und kleinere Gartenbereiche.

2 Säckelblume
Ceanothus-Hybriden

| Str | ↑ 60–150 | ❀ 7–10 | ☀ |

Etwas empfindlich, doch überreich blühend.
Wuchs: Locker und etwas sparrig verzweigter, auf-
rechter Strauch mit kleinen, lanzettlichen Blättern.
Blüte: Himmelblau bis blauviolett, sehr klein, in
reichblütigen, rundlichen Rispen.
Pflege: Rückschnitt im Frühjahr fördert die Blü-
tenfülle. In rauen Lagen Winterschutz geben.
Verwendung: Wegen der nicht ganz zuverlässigen
Frosthärte ideal etwa vor einer Mauer.

Sorten/Arten: 'Concha' (Foto), tiefblau, *C.* × *delilianus*; 'Gloire
de Versailles', blauviolett; 'Topaze', himmelblau.

3 Bartblume
Caryopteris × *clandonensis*

| HStr | ↑ 60–100 | ❀ 8–10 | ☀ |

Spätsommerblüher mit schönen Blautönen.
Wuchs: Buschig, reich verzweigt, mit am Grund
verholzenden Trieben und lanzettlichem Laub.
Blüte: Klein, trichterförmig, dunkelblau, in etagen-
förmigen Quirlen im oberen Bereich der Triebe.
Pflege: Scharfer Rückschnitt im Frühjahr fördert
den Blütenansatz ; in rauen Lagen Winterschutz.
Verwendung: Einzeln auf warmen, etwas geschützten Plätzen; schön zu Salbei oder Lavendel.

Sorten: 'Grand Blue' (verbesserte 'Heavenly Blue'; Foto),
himmelblau, reich verzweigt; 'Kew Blue', tiefblau.

Riesen-Ehrenpreis
Veronicastrum virginicum

S	↑ 120–180	✿ 7–9	☼

Üppig im Wuchs und elegant in der Blüte.
Wuchs: Große Horste aus bogig aufsteigenden
Trieben mit quirlständigem, lanzettlichem Laub.
Blüte: Klein, sternförmig, in kandelaberartigen
Ähren, blau oder violett.
Pflege: Regelmäßig wässern; bei Bedarf stützen.
Verwendung: Auf eher feuchten Böden; auch am
Teichrand; schön zu Herbst-Astern, Mädesüß,
Taglilien sowie hohen Gräsern.

Rittersporn
Delphinium-Hybriden

S	↑ 80–200	✿ 6–8/9	☼

Das faszinierende Blau wertet jede Rabatte auf.
Wuchs: Straffe Horste, Blätter handförmig zerteilt.
Blüte: Je nach Sorte lockere bis sehr dichte Ker-
zen aus gespornten Blüten in Blautönen.
Pflege: Austrieb vor Schneckenfraß schützen.
Hohe Sorten stützen. Nach der Blüte bis auf
10 cm zurückschneiden, dann zweite Blüte.
Verwendung: Wunderbar zu Rosen, aber auch zu
vielen anderen Beetstauden und Gräsern.

Sorten: 'Augenweide', hellblau, rosa überhaucht, 160 cm;
'Lanzenträger', enzianblau mit weißem Auge, 180 cm;
'Piccolo', ähnlich, aber lockerblütig, standfest, 100 cm.

Glattblatt-Aster
Aster novi-belgii

S	↑ 80–140	✿ 9–10	☼

Prächtig blühende Herbst-Aster.
Wuchs: Große Horste aus aufrechten Trieben mit
glatten, lanzettlichen Blättern; kurze Ausläufer.
Blüte: Körbchenblüten in dichten, kuppelförmi-
gen Rispen in Blau- und Violetttönen.
Pflege: Bei Trockenheit gründlich wässern, um
Mehltau vorzubeugen; bei Bedarf stäben.
Verwendung: Wichtiger Partner für das Herbst-
beet, zu anderen Astern und Gräsern.

Sortenbeispiel: 'Dauerblau' (Foto), dunkelblau, 120 cm.

4 Schleier-Eisenkraut
Verbena bonariensis

⊙ ⌂ 80–120 ✿ 7–10 ☀

Das duftige Violett bleibt dezent, aber sichtbar.
Wuchs: Straff aufrechte Horste mit sparrig verzweigten Trieben.
Blüte: Klein, violett, sehr zahlreich, in dichten Dolden an den Triebspitzen.
Pflege: Eigene Aussaat gelingt nicht zuverlässig. Staunässe meiden.
Verwendung: Gruppenweise zusammen mit niedrigeren Pflanzen, die sie überspielen können.

5 Riesen-Glockenblume
Campanula lactiflora

S ⌂ 80–120 ✿ 6–8 ☀-◑

Üppige Blütenfülle im Halbschatten.
Wuchs: Große Horste mit leicht übergeneigten Trieben, eiförmige Blätter.
Blüte: Unzählige breitglockige Sternblüten in dichten Rispen, in zarten Violetttönen.
Pflege: Ausreichend wässern und düngen, bei Bedarf stützen.
Verwendung: Sehr schön in halbschattigen Rabatten, auch zusammen mit Strauchrosen.

Sorten: 'Loddon Anna', lilarosa; 'Prichard's Variety' (Foto), violett.

6 Langblättriger Ehrenpreis
Veronica longifolia

S ⌂ 50–100 ✿ 7–8 ☀

Leuchtend blaue, markante Farbträger im Beet.
Wuchs: Aufrechte Horste mit hohen, verzweigten Trieben und schmalen, lanzettlichen Blättern.
Blüte: Klein, schalenförmig, in dichten langen Ähren an den Triebenden; blauviolett oder blau.
Pflege: Bei Trockenheit wässern, gelegentlich düngen. Verblühtes ausschneiden.
Verwendung: In kleinen Gruppen; sehr vielfältig kombinierbar; schön zu runden Blüten sowie zu Rosen und Gräsern.

Blauer Scheinmohn
Meconopsis betonicifolia

S · ⇑ 60–90 · ✿ 6–7 · ◑

Ein Traum in Blau – leider etwas heikel.
Wuchs: Grundständige Rosette aus länglich-eiförmigen, behaarten, hellgrünen Blättern, aus deren Mitte die straffen Blütentriebe entspringen.
Blüte: Groß, mohnartig, leuchtend himmelblau.
Pflege: Vor Austrocknung schützen und regelmäßig mit Kompost versorgen.
Verwendung: Kühl-luftfeuchte Plätze auf sauren (kalkarmen), feuchten, aber durchlässigen Böden. In Gruppen zu Rhododendren und Farnen.
Hinweis: Den richtigen Standort zu finden, ist schwierig. Passt er nicht optimal, stirbt die Pflanze nach der Blüte – doch oft erfolgt Selbstaussaat.

Gewöhnliche Akelei
Aquilegia vulgaris

S · ⇑ 40–80 · ✿ 5–6 · ◑

Anmutig und ideal zum Verwildern.
Wuchs: Aufrecht, in lockeren Horsten mit 3-teiligen, blaugrünen Blättern; zieht früh ein.
Blüte: Violett, nickend, mit auffälligem Sporn.
Pflege: Kurzlebig, daher einige Blütentriebe nach dem Abblühen zur Selbstaussaat stehen lassen.
Verwendung: In kleinen Gruppen; am Gehölzrand oder im Beet – jedoch nicht im Vordergrund, da nach dem Einziehen Lücken bleiben.

Pracht-Storchschnabel
Geranium × magnificum

S · ⇑ 40–60 · ✿ 6–7 · ☼-◑

Üppiger Blüher für leuchtende Farbakzente.
Wuchs: Kräftige Horste, große, handförmige Blätter.
Blüte: Große, leuchtend blauviolette Schalen in üppiger Fülle.
Pflege: Kräftiger Rückschnitt nach der Blüte, um die Horste kompakt zu halten.
Verwendung: Am Gehölzrand oder im Beet, passt wunderbar zu anderen kräftigen Blütenfarben.

4 Sommer-Salbei
Salvia nemorosa

S	⬆ 40–70	✿ 5–7/9	☀

Vielseitiger blauvioletter Farbträger im Beet.
Wuchs: Aufrechte Horste mit eiförmigen, matt-
grünen Blättern.
Blüte: Blaue oder violette Lippenblüten in dichten Kerzen an den Triebenden.
Pflege: Scharfer Rückschnitt nach der Blüte sowie
leichte Düngung regen die Zweitblüte an.
Verwendung: Guter Begleiter zu Rosen und vielen Beetstauden.

Sorten: 'Amethyst', amethystviolett; 'Blauhügel', mittelblau;
'Caradonna', dunkelviolett; 'Ostfriesland' (Foto), violettblau.

5 Kissen-Aster
Aster-Dumosus-Hybriden

S	⬆ 20–40	✿ 9–10	☀

Niedrige, äußerst üppig blühende Herbst-Aster.
Wuchs: Dichte, kissenförmige Horste, durch Aus-
läufer teppichbildend.
Blüte: Dichter Mantel aus Körbchenblüten in
Rosa, Rot-, Blau- und Violetttönen sowie Weiß.
Pflege: Bei Trockenheit gründlich wässern, um
Mehltau vorzubeugen; ausreichend düngen.
Verwendung: Schön zu höheren Herbst- und
Wild-Astern sowie Gräsern.

Sortenbeispiel: 'Blue Lapis' (Foto), blauviolett.

6 Blauer Phlox, Wald-Phlox
Phlox divaricata

S	⬆ 25–40	✿ 4–5	☀-◐

Hübscher Frühlingsphlox in klarem Blauviolett.
Wuchs: Niedrige breite Büsche mit verzweigten
Trieben und breit lanzettlichen Blättern.
Blüte: Sternförmig, himmelbau bis blauviolett, in
überreichen Büscheln über dem Laub; duftend.
Pflege: Bei Trockenheit im Frühjahr wässern; Rück-
schnitt nach der Blüte hält die Pflanzen kompakt.
Verwendung: In Gruppen unter Gehölzen, im
Steingarten oder im halbschattigen Beet, etwa
zusammen mit Akelei und Storchschnabel-Arten.

Weiß und Creme – edle Zurückhaltung

Duftig, leicht und überaus edel – so erscheinen uns weiße Blüten. Dass ein ganzes Beet voller weiß blühender Pflanzen ein besonders eindruckvoller Blickfang ist, bewies schon Vita Sackville-West mit ihrem vielfach kopierten Weißen Garten von Sissinghurst.

Die Kunst bei der Anlage eines solchen Beetes besteht darin, für genügend Abwechslung bei den Blüten- und Wuchsformen zu sorgen. Große einzelne Schalen wie die von ungefüllten Rosen oder von Herbst-Anemonen sollten mit kleinen zarten Rispen wie von Meerkohl oder Schleierkraut wechseln. Aufstrebende Lanzen wie die des Rittersporns wirken umso schöner, wenn man sie mit rundlichen Horsten wie von der Feinstrahlaster kombiniert. Setzen Sie dann noch silber- oder graulaubigen Blattschmuck als Begleitung davor und daneben, ist die Wirkung geradezu perfekt.

Ein Beet ganz in Weiß ist der Traum vieler Gärtnerinnen – hier mit Rosen, Mutterkraut und Rittersporn.

1 Strauchrose 'Schneewittchen'
Rosa-Hybride

| R | ↑ 100–150 | ✿ 6–11 | ☀ |

Unermüdlicher Dauerblüher in strahlendem Weiß.
Wuchs: Aufrechter buschiger Strauch mit leicht
überhängenden Trieben und glänzendem Laub.
Blüte: Edelrosenartig, schneeweiß, halbgefüllt,
in dichten Büscheln, mit leichtem Duft.
Pflege: Ausreichend wässern und düngen, bei
Bedarf auslichten, Verblühtes ausschneiden.
Verwendung: Einzeln im Beet oder als Blickfang,
heckenartig am Zaun; schön auch als Hochstamm.

Sorten: Neben 'Schneewittchen' eignen sich noch zahlreiche
Sorten aus der großen Palette der Beet- und Strauchrosen.

2 Rittersporn
Delphinium-Hybriden

| S | ↑ 80–200 | ✿ 6–10 | ☀ |

Edle weiße Blütenlanze im Beet.
Wuchs: Straff aufrechte Horste, Blätter handför-
mig zerteilt.
Blüte: Je nach Sorte lockere bis sehr dichte Ker-
zen aus gespornten Blüten in Weiß, oft gefüllt.
Pflege: Austrieb vor Schneckenfraß schützen.
Hohe Sorten stützen. Nach der Blüte bis auf
10 cm zurückschneiden, dann zweite Blüte.
Verwendung: Einzeln oder in kleinen Gruppen,
auf Beeten und Rabatten, herrlich zu roten Rosen.

Sorten: *Pacific*-Hybride 'Galahad', weiß, groß- und dichtblütig,
kurzlebig, weniger standfest, 160 cm; Magic Fountains', auch
als weiße Farbsorte, halbgefüllt, standfest, 80–100 cm.

3 Meerkohl
Crambe cordifolia

| S | ↑ 150–180 | ✿ 6–7 | ☀ |

Ein echtes »Riesenschleierkraut«!
Wuchs: Horste aus großen, graugrünen, herzför-
migen Blättern mit straff aufrechtem Stängel.
Blüte: Sehr klein, duftend, in riesigem, schleier-
förmigem Blütenstand.
Pflege: Nach dem Verblühen abschneiden.
Verwendung: Schön zu Rosen oder als Solitär.

Kosmee, Schmuckkörbchen
Cosmos bipinnatus

☉ ⇧ 60–120 ✿ 7–10 ☀

Blüten in klarem Weiß den ganzen Sommer lang.
Wuchs: Aufrechte, steife, oberwärts verzweigte Stängel mit nadelfein zerteiltem Laub.
Blüte: Große weiße Schalenblüten, gelbe Mitte.
Pflege: Aussaat ins Freie ab Ende April. Verblühtes laufend aussschneiden; bei Bedarf stäben.
Verwendung: In Gruppen, zu vielen Stauden und Sommerblumen kombinierbar, auch zu Rosen.

Sorten: 'Sonata Weiß', niedrig, standfest, bewährt, nur 60 cm.

Herbst-Anemone
Anemone-Japonica-Hybriden

S ⇧ 70–120 ✿ 8–10 ◐

Anmutiger, langlebiger Herbstblüher.
Wuchs: Breitbuschig, mit verzweigten Trieben und großen, dreilappigen Blättern.
Blüte: Große, duftige Schalen in Rosa oder Weiß.
Pflege: Bei Trockenheit kräftig wässern. Braucht im ersten Jahr etwas Winterschutz.
Verwendung: Am Gehölzrand oder in halbschattigen Rabatten. Gut zu kombinieren.

Sorten: 'Honorine Jobert' (Foto), weiß, großblütig, bewährt.

Stauden-Phlox
Phlox-Paniculata-Hybriden

S ⇧ 20–40 ✿ 6–9 ☀-◐

Prächtige Duftstaude für eine weiße Rabatte.
Wuchs: Dichte Horste mit straffen Trieben, gegenüberstehende, spitz-eiförmige Blätter.
Blüte: Tellerförmig, weiß, oft mit rosa oder rotem Auge, in dichten Trauben mit starkem Duft.
Pflege: Ausreichend wässern und düngen, bei Bedarf stützen, nach der Blüte zurückschneiden.
Verwendung: Gruppenweise im Beet, schön zu Rittersporn, Garten-Margerite, Rosen, Gräsern.

Sorten: 'Kirmesländler', weiß mit rosa Auge; 'Pallas Athene', weiß mit violettem Auge.

4 Garten-Margerite
Leucanthemum-Superbum-Gruppe

| S | 60–90 | 6–7/9 | ☀ |

Prägnanter weißer Blickpunkt mit langer Blütezeit.
Wuchs: Breite Horste aus meist aufrechten Trieben mit lanzettlichen, gezähnten Blättern.
Blüte: Große, auch gefüllte Margeritenblüten.
Pflege: Bei Bedarf stützen. Rückschnitt nach der Blüte sorgt für zweite Nachblüte.
Verwendung: Gruppenweise in der Staudenrabatte. Schöne und haltbare Schnittblume.

Sorten: 'Christine Hagemann', gefüllt, gelbgrüne Mitte, reichblütig, 80 cm; 'Gruppenstolz', ungefüllt, standfest, 60 cm.

5 Kartoffelstrauch
Solanum jasminoides

| ☉/K | 50–200 | 5–10 | ☀–◐ |

Sehr reich und anhaltend blühendes Tropenkind.
Wuchs: Buschig wachsender oder kletternder Strauch, wegen der mangelnden Winterhärte einjährig gezogen. Blätter spitz-eiförmig, immergrün.
Blüte: Weiß, sternförmig, in lockeren Büscheln.
Pflege: Anfängliches Stutzen fördert den buschigen Wuchs. Ausreichend wässern und reichlich düngen. Lässt sich frostfrei im Kübel überwintern.
Verwendung: Als leuchtend weißer Farbklecks im Beet oder als üppiger Sichtschutz im Hintergrund; schön auch im Kübel als Solitär.

6 Glattblatt-Aster
Aster novi-belgii

| S | 80–140 | 9–10 | ☀ |

Üppiger Herbstblüher für den Beethintergrund.
Wuchs: Große Horste aus aufrechten Trieben mit glatten, lanzettlichen Blättern; kurze Ausläufer.
Blüte: Weiße Körbchenblüten in dichten Rispen.
Pflege: Bei Trockenheit gründlich wässern, um Mehltau vorzubeugen; bei Bedarf stäben.
Verwendung: Schön zu Phlox, Gräsern und anderen Herbstblühern. Gute Schnittblume.

Sorten: 'Weißes Wunder', 120 cm; 'White Ladies' (Foto), 80 cm.

Purpursonnenhut
Echinacea purpurea

S · ⬆ 60–100 · ✿ 7–9 · ☀

Markanter Sommerblüher, Schmetterlingsmagnet.
Wuchs: Aufrechte Horste mit rauen, spitz-eiförmigen Blättern.
Blüte: Groß, einzeln, mit erhabener, orangebrauner Mitte und breiten Strahlen.
Pflege: Kurzlebig, daher regelmäßig nachpflanzen.
Verwendung: Gruppenweise im Staudenbeet, für nicht zu schwere Böden.

Sorten: 'Alba' (Foto), weiß.

Feinstrahlaster
Erigeron-Hybriden

S · ⬆ 50–80 · ✿ 6–7/9 · ☀

Asterähnliche Beetstaude mit reicher Blüte.
Wuchs: Horste aus meist aufrechten Trieben mit lanzettlichen Blättern.
Blüte: Zarte Blütensterne mit feinen weißen Strahlen.
Pflege: Gleich nach der Blüte bodennah zurückschneiden und düngen, dann Neuaustrieb mit 2. Blüte. Auf schweren Böden standschwach.
Verwendung: Sehr schön zu Rosen und anderen Beetstauden für die Sonne.

Sorten: 'Sommerneuschnee', weiß;.

Pfirsichblättrige Glockenblume
Campanula persicifolia

S · ⬆ 50–80 · ✿ 6–7 · ☀-◑

Duftig, natürlich, von romantischer Schönheit.
Wuchs: Aufrechte Triebe mit schmalen Blättern, entspringen einer Blattrosette; kurze Ausläufer.
Blüte: Zarte, große Glockenblüten in lockeren Trauben in Violett oder Weiß.
Pflege: Bei anhaltender Trockenheit wässern; Rückschnitt nach der Blüte.
Verwendung: Im Staudenbeet und am Gehölzrand; sehr schön in naturnahen Pflanzungen.

Sorten: 'Grandiflora Alba' (Foto), weiß.

Sommer-Salbei
Salvia nemorosa

S	🔼 40–70	❀ 5–7/9	☀

Reichblühender weißer Begleiter im Beet.
Wuchs: Aufrechte Horste mit eiförmigen, matt-grünen Blättern.
Blüte: Weiße Lippenblüten in dichten Kerzen an den Triebenden.
Pflege: Scharfer Rückschnitt nach der Blüte sowie leichte Düngung regen die Zweitblüte an.
Verwendung: Guter Begleiter zu Rosen und vielen Beetstauden.

Sorten: 'Adrian' (Foto), weiß.

Nachtviole
Hesperis matronalis

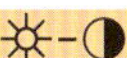

S/◒	🔼 60–80	❀ 5–7	☀–◐

Klares Weiß, toller Duft und natürlicher Charme.
Wuchs: Aufrecht, stark verzweigt, mit Grund-blattrosette und dreieckigen Blättern.
Blüte: Vierblättrig, weiß; abends stark duftend.
Pflege: Zur Verlängerung der Blütezeit Verblühtes abschneiden. Kurzlebig, versamt sich aber.
Verwendung: Gruppenweise im Beet oder am Gehölzrand; schön mit Glockenblumen, Kosmeen.

Sorten: 'Alba' (Foto), weiß; 'Alba Plena', weiß, gefüllt, steril.

Euphorbie
Euphorbia 'Diamond Frost'

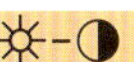

◒	🔼 20–40	❀ 6–9	☀–◐

Duftiger, vielseitiger und robuster Dauerblüher.
Wuchs: Kleine rundliche Büsche aus verzweigten Trieben mit lanzettlichen Blättern.
Blüte: Winzig, mit weißen Hochblättern, als duftiger Schleier über dem Laub.
Pflege: Benötigt keine besondere Pflege.
Verwendung: Einzeln oder in kleinen Gruppen, als Begleiter im Beet, auch im Topf; leicht kombinierbar.
Hinweis: Die Pflanze und ihr Milchsaft sind giftig.

Purpur bis Schwarz – dramatische Farben

Tiefes Purpur – die Farbe der Könige und Päpste – dunkles Violett bis hin zu Schwarz, das sind die Blütenfarben, die derzeit Furore machen. Sie wirken geheimnisvoll, dramatisch und schwer, mitunter auch düster und morbide – in jedem Fall betonen sie die Besonderheit einer jeden Bepflanzung. Gleichzeitig kennzeichnen sie auch den Gärtner als unkonventionellen Gestalter, denn nicht jeder mag diese Farbtöne, die gekonnt inszeniert sein müssen. Man sollte die Verwendung dieser ungewöhnlichen Farben auf bestimmte, klar abgegrenzte Bereiche beschränken und sie dort in ein Gesamtkonzept integrieren. Einfach in ein Beet nach Belieben eingestreut, werden sie ihre Wirkung verfehlen. Kombiniert man hingegen z. B. schwarze Tulpen, purpurroten Kugel-Lauch und dunkellaubige Begleiter wie die Blut-Berberitze, entsteht eine Pflanzung mit einmaliger, ausdruckstarker Wirkung.

Beete in dunklen Rot- und Violetttönen wirken sehr ungewöhnlich und dramatisch – und sind gerade deshalb zur Zeit en vogue.

1 Schwarze Waldrebe
Clematis viticella 'Romantika'

| K | ↕ 2–3 m | ✿ 6–8 | ☀–◑ |

Romantikzauber für die Senkrechte.
Wuchs: Üppige Kletterpflanze mit 3-fach gefiederten Blättern, die sich mit ihren Blattstielen emporrankt.
Blüte: Groß, vierblättrig, violett- bis schwarzrot.
Pflege: Am Rankgitter oder einer anderen Kletterhilfe ziehen. Bei Trockenheit ausreichend wässern; Rückschnitt im Herbst bis auf Kniehöhe.
Verwendung: Wunderbar zu Strauch- und Kletterrosen sowie zur Wandbegrünung.

2 Stockrose, Stockmalve
Alcea rosea 'Nigra'

| ☉ | ↕ 150–200 | ✿ 7–9 | ☀ |

Dunkler Farbträger mit Landhaus-Flair.
Wuchs: Aus einer Blattrosette entspringen im 2. Jahr die straff aufrechten, handförmig belaubten Triebe.
Blüte: Groß, malvenartig, samtig schwarzrot, in Trauben an den Triebenden.
Pflege: Luftig auf nährstoffreiche Böden pflanzen; ab und zu düngen. Sät sich selbst aus.
Verwendung: Einzeln oder in Gruppen, am Zaun, vor Mauern oder im Hintergrund von Rabatten.

3 Türkischer Mohn
Papaver orientale 'Patty's Plum'

| S | ↕ 60–70 | ✿ 5–6 | ☀ |

Begehrte Sorte, der Blickfang zur Blütezeit.
Wuchs: Locker horstig, Blätter graugrün, länglich, fiederartig eingeschnitten, behaart.
Blüte: Einzelne, große Schalen an den Stielenden, hell auberginefarben bis pflaumenblau, in der Mitte mit 4 schwarzen Flecken.
Pflege: Regelmäßig düngen und nach der Blüte scharf zurückschneiden.
Verwendung: In die Beetmitte oder im Hintergrund pflanzen, damit die Lücke nach dem Rückschnitt bzw. dem Einziehen verdeckt wird.

Kugel-Lauch
Allium sphaerocephalum

S	↑ 50–70	✿ 7–8	☀

Zierlicher, anspruchsloser Staudenbegleiter.
Wuchs: Zwiebelpflanze mit grasartigen Blättern und einzelnem straffen Blütentrieb.
Blüte: Kleine purpurrote Einzelblüten in spitzkugeliger Blütendolde.
Pflege: Durchlässigen Boden wählen. Braucht keine spezielle Pflege; bildet Brutzwiebeln.
Verwendung: Gruppenweise mit Stauden im Beet, wegen des früh einziehende Laubs am besten in der Beetmitte; sehr schön zu Gräsern und Rosen.

Schwarze Akelei
Aquilegia vulgaris 'Black Barlow'

S	↑ 40–80	✿ 5–6	◐

Ungewöhnlicher Blickfang im Halbschatten.
Wuchs: Aufrecht, in lockeren Horsten mit 3-teiligen, blaugrünen Blättern.
Blüte: Gefüllt, nickend, schwarzrot.
Pflege: Kurzlebig, daher einige Blütentriebe nach dem Abblühen zur Selbstaussaat stehen lassen.
Verwendung: In kleinen Gruppen; am Gehölzrand oder im Beet – jedoch nicht im Vordergrund, da nach dem Einziehen Lücken bleiben.

Hohe Bart-Iris
Iris-Barbata-Elatior-Hybriden

S	↑ 60–120	✿ 4–6	☀

Ungewöhnlicher Blickfang in Farbe und Form.
Wuchs: Oberflächennah kriechendes Rhizom mit schwertförmigen, graugrünen Blättern.
Blüte: Aus je 3 aufrechten und 3 herabhängenden Blütenblättern mit »Bart« bestehend; in dunklen Braun- und Rottönen bis fast schwarz.
Pflege: Rhizome waagerecht pflanzen und nur leicht mit Erde bedecken. Verblühtes abschneiden.
Verwendung: In Gruppen auf eher trockenen Böden, auch im Topf; schön zu Gräsern.

Sortenbeispiel: 'Royal Trumpeter' (Foto), samtig kastanienbraun, 70 cm; 'Superstichum' (Foto S. 135), fast schwarz, 90 cm.

4 Schwarze Tulpe
Tulipa-Hybride 'Queen of Night'

| Z | ⬆ 50–60 | ✿ 4–5 | ☀ |

Eine Tulpe in Schwarz – geheimnisvoll und elegant.
Wuchs: Eintriebige Zwiebelblume mit spitz-zungenförmigem, blaugrünen Blättern.
Blüte: Schwarzbraun mit purpurnem Glanz, kelchförmig auf straffen Stielen.
Pflege: Ab und zu düngen, Blätter einziehen lassen. Nicht am gleichen Standort nachpflanzen.
Verwendung: Einzeln oder in kleinen Gruppen, eingestreut als Farbtupfer im Beet.

5 Nieswurz, Lenzrose
Helleborus-Orientalis-Hybriden

| S | ⬆ 30–40 | ✿ 2–4 | ◑ |

Frühjahrsblüher in ungewöhnlich dunklen Farben.
Wuchs: Langlebige kompakte Horste mit kriechendem Rhizom und fächerförmig zerteilten, ledrigen, teils purpurnen Blättern; wintergrün.
Blüte: Nickende Schalenblüten in tiefen Rot- und Purpurtönen bis Schwarzviolett.
Pflege: Alte Blätter im Frühjahr abschneiden; nicht verpflanzen oder teilen, ungestört lassen.
Verwendung: In Gruppen unter Gehölzen; schön mit Farnen, Gräsern und Zwiebelblumen.

Sorten: Es gibt ständig neue Sorten, oft ohne Namen.

6 Hornveilchen
Viola-Cornuta-Hybriden

| S | ⬆ 10–20 | ✿ 5–10 | ☀-◑ |

Ein anmutiger, zarter Blickfang mit langer Blüte.
Wuchs: Kleine Horste aus lockeren Trieben mit eiförmigen, eingekerbten Blättern.
Blüte: Kleine Stiefmütterchen-Blüten, meist mit Zeichnung, in vielen Farben, auch fast schwarz.
Pflege: Rückschnitt nach der Erstblüte regt eine zweite Blütenbildung an.
Verwendung: In Gruppen am Beetrand, im Steingarten; sehr schön auch in Töpfen und Ampeln.

Sorten: 'Molly Sanderson' (Foto), samtig schwarzviolett.

Blattschmuck in kühlem Silber und Grau

Dezentes, aber edles Beiwerk sein – so lautet das Motto der silber- und graulaubigen Blattschmuckpflanzen. Sie sind unverzichtbar, wenn Sie ein Beet oder gar einen ganzen Garten in der Farbe Weiß anlegen wollen; aber auch zu Pflanzungen mit mediterranem Charakter passen sie gut. Das Kennzeichen dieser Pflanzen ist ihr dichtes Blattkleid aus weißen oder silbergrauen Haaren, das sie ursprünglich am Naturstandort vor Hitze schützte. Die dekorative Wirkung dieser Blätter kann man sich überall dort zunutze machen, wo sie andere Gewächse entweder neutral begleiten oder in ihrer Wirkung verstärken sollen.

Die weiß panaschierten Blattschmuckpflanzen gehören ebenfalls in diese Gruppe, fallen aber nicht durch ein dichtes Haarkleid, sondern »normale« Blätter mit weißer Zeichnung auf. Auch sie sind ein attraktiver Begleiter im weißen Garten, allen voran die elegante Weißrand-Funkie.

Für edles understatement sorgt eine silberlaubige Begleitpflanzung, so wie hier aus Silber-Wermut.

1 Weidenblättrige Birne
Pyrus salicifolia 'Pendula'

| B | ⬆ 3–6 m | ✿ 4–5 | ☼ |

Silberlaubiger Baum mit wenig Platzbedarf.
Wuchs: Kleiner Baum mit rundlicher Krone, überhängenden Ästen und schmal elliptischen, silbrig- bis graugrünen Blättern.
Blüte: Sternförmig, weiß; es bilden sich sehr kleine, birnenförmige, ungenießbare Früchte.
Pflege: Keine besondere Pflege nötig.
Verwendung: Einzeln als Blickfang oder silberlaubiger Begleiter zu entsprechender Bepflanzung.

2 Silber-Wermut
Artemisia ludoviciana 'Silver Queen'

| S | ⬆ 60–80 | ✿ 7–9 | ☼ |

Vielfältig verwendbarer weißfilziger Blattschmuck.
Wuchs: Buschige Horste mit aufrechten Trieben und lanzettlichen, silberweiß-filzig behaarten Blättern.
Blüte: Kleine gelbbraune Körbchenblüten in Trauben an den Triebenden.
Pflege: Benötigt keine besondere Pflege. Nasse Standorte meiden; in rauen Lagen Winterschutz.
Verwendung: Einzeln oder in Gruppen im Staudenbeet; sehr schön als Begleiter zu rosa, roten und blauen Blütenfarben sowie zu Rosen.

3 Silber-Wermut
Artemisia arborescens 'Powis Castle'

| S | ⬆ 60–100 | ✿ 7–9 | ☼ |

Schöne feinlaubige silbrige Blattschmuckpflanze.
Wuchs: Breitbuschige Horste mit aufrechten bis überhängenden, verholzenden Trieben und nadelfein gefiedertem, silbrigem Laub.
Blüte: Kleine gelbliche Körbchenblüten in Trauben an den Triebenden.
Pflege: Benötigt keine besondere Pflege. Nasse Standorte meiden; in rauen Lagen Winterschutz.
Verwendung: Einzeln oder in Gruppen im Staudenbeet, im Steingarten oder auch im Kübel.

Lavendel
Lavandula angustifolia

S/HStr	30–60	6–8	☼

Eine der beliebtesten graulaubigen Begleiter.
Wuchs: Rundliche Polster aus am Grund verholzenden Trieben mit schmalem, graugrünem Laub; immergrün, aromatisch duftend.
Blüte: Kleine Lippenblüten in dichten, lang gestielten Ähren; violett, rosa oder weiß.
Pflege: Regelmäßig im Frühjahr kräftig stutzen. Blütentriebe nach der Blüte ausschneiden.
Verwendung: Zu Stauden mit kräftigen Blütenfarben, zu Rosen und Gräsern.

Blaublatt-Funkie, Herzlilie
Hosta-Hybriden

S	20–80	6–8	◑

Begeistert durch klare Form und auffällige Farbe.
Wuchs: Kompakte Horste mit lang gestielten, ganzrandigen, derben, stark geaderten Blättern, je nach Sorte graugrün bis blaugrau oder blau.
Blüte: Je nach Sorte violette oder weiße, längliche Glocken in lang gestielten Trauben.
Pflege: Gelegentlich düngen. Vor allem den Austrieb vor Schneckenfraß schützen.
Verwendung: Einzeln oder in Gruppen am Gehölz- oder am Teichrand, im Beet oder im Kübel.

Sortenbeispiel: 'Halcyon' (Foto), intensiv blaugraue, schneckenrobuste Blätter, Blüte lilablau, 50 cm.

Perlkörbchen
Anaphalis triplinervis

S	20–40	6–8	☼

Hünsch als Begleiter und Trockenblumenschmuck.
Wuchs: Breitbuschige Horste aus aufrechten Trieben mit lanzettlichem, silbrig-filzigem Laub.
Blüte: Kleine, kugelige, silbrigweiß-gelbe Strohblumen in reich verzweigten Rispen.
Pflege: Durchlässigen Boden wählen. Braucht keine besondere Pflege; bei Bedarf abstechen.
Verwendung: Im Beetvordergrund, zusammen mit Salbei, Wolfsmilch, Lavendel, Iris und Gräsern.

4 Walzen-Wolfsmilch
Euphorbia myrsinites

| S | ⇧ 15–30 | ✿ 5–6 | ☀ |

Ungewöhnlich in Wuchsform und Laubfarbe.
Wuchs: Breite Teppiche aus niederliegenden Kriechtrieben, dicht mit fleischigen, blaugrünen, rundlich zugespitzten Blättern besetzt; wintergrün.
Blüte: Winzig, mit gelbgrünen Hochblättern, in kleinen Dolden an den Triebenden.
Pflege: Verkahlte Triebe nach der Blüte stutzen.
Verwendung: An Beeträndern, auf Mauerkronen und im Steingarten.
Hinweis: Die Pflanze und ihr Milchsaft sind giftig.

5 Woll-Ziest
Stachys byzantina

| S | ⇧ 10–30 | ✿ 7–8 | ☀ |

Vielseitiger Staudenbegleiter für sonnige Beete.
Wuchs: Bildet durch Ausläufer dichte Teppiche aus elliptischen, filzig behaarten, silbergrauen Blättern.
Blüte: Kleine rosa Lippenblüten in Quirlen auf dicht behaarten, aufrechten Trieben.
Pflege: Keine Pflege nötig. Bodennässe meiden.
Verwendung: Das Silbergrau vermittelt sehr gut zwischen verschiedensten Blütenfarben.

Sorten: 'Cotton Boll' (Foto), wollige Blütentriebe; 'Silver Carpet', wenig blühend.

6 Filziges Hornkraut
Cerastium tomentosum

| S | ⇧ 10–15 | ✿ 5–6 | ☀ |

Anspruchsloser silberlaubiger Flächendecker.
Wuchs: Durch kriechende Ausläufer teppichbildend, Triebe mit filzigen, silbergrauen, lanzettlichen Blättern.
Blüte: Weiß, sternförmig, an kurzen Stielen.
Pflege: Neigt auf besseren Böden zum Wuchern, daher bei Bedarf abstechen.
Verwendung: Als Weg- und Beeteinfassung, in Treppen- und Mauerfugen, im Steingarten.

Blattschmuck in leuchtendem Gelbgrün

Sie bringen Licht in Beete, hellen dunkle Bereiche des Gartens auf – für Pflanzungen im Halbschatten oder Schatten sind Blattschmuckpflanzen in gelbgrünen Tönen ideal. Ganz gleich, wie effektvoll die Wirkung sein soll, die Vielfalt ist groß: Sie haben die Wahl zwischen intensivem, komplett gelbgrünem Laub oder dezenten, gelb gefleckten Blättern. Beide Typen eignen sich zur Kombination mit Blütenpflanzen in warmem Gelb, Orange oder Rot, ergeben mit ihnen zusammen eine rundum stimmige Gesamtbepflanzung.

Sie suchen niedrige oder hohe Gewächse in Gelbgrün? Diese Blattschmuckpflanzen gibt es vom Bodendecker (zur Randbepflanzung ideal) bis hin zum Gras mit gelb gestreiften Blättern (z. B. als Blickfang in der Beetmitte perfekt).
All diese Arten haben die enorme Schmuckwirkung gemeinsam, die schon vor der Blüte der übrigen Pflanzen einsetzt – und auch danach lange anhält.

Perfekte Begleiter für schattige Bereiche, die diese wirkungsvoll aufhellen, sind die Gelbblatt-Funkien.

1 Gelbblatt-Funkie, Herzlilie
Hosta-Hybriden

S	⬆ 40–80	✿ 6–8	◑–●

Auffälliger Blattschmuck für den Halbschatten.
Wuchs: Kompakte Horste mit lang gestielten, ganzrandigen, derben, stark geaderten Blättern, gelbgrün oder gelb mit grünem Rand.
Blüte: Je nach Sorte violette oder weiße, längliche Glocken in lang gestielten Trauben.
Pflege: Gelegentlich düngen. Vor allem den Austrieb vor Schneckenfraß schützen.
Verwendung: Einzeln oder in Gruppen im absonnigen Beet, am Gehölz- oder am Teichrand.

Sortenbeispiel: 'Fortunei Albopicta' (= 'Aureomaculata'; Foto), Blätter cremegelb, grün gerandet, Blüte helllila, 70 cm.

2 Buntlaubiger Garten-Salbei
Salvia officinalis

S/HStr	⬆ 40–60	✿ 6–7	☀

Sonnig-aromatische Blätterzierde.
Wuchs: Kräftige Horste, am Grund teils verholzend, mit länglich-eiförmigen, filzigen Blättern.
Blüte: Blauviolette Lippenblüten in Quirlen.
Pflege: Leichter Rückschnitt nach der Blüte.
Verwendung: Am Beetrand, auf Mauerkronen und im Gewürzgarten; passt schön zu Gräsern.

Sorten: 'Goldblatt' (Foto), goldgelbes Blatt; 'Icterina', gelbgrün.

3 Purpurglöckchen
Heuchera-Hybriden

S	⬆ 30–60	✿ 6–8	☀–◑

Ungewöhnliche Grüntöne als Farbkontrast.
Wuchs: Polsterförmig, mit großen, rundlichen, gelappten Blättern in leuchtendem Grün, teils mit kontrastierender Zeichnung; teilweise wintergrün.
Blüte: Winzig, weiß oder rot, in duftigen Rispen auf straffen Stielen hoch über dem Laubteppich.
Pflege: In rauen Lagen Winterschutz geben.
Verwendung: Einzeln oder gruppenweise, als Beeteinfassung oder am Gehölzrand.

Sorten: Viele neue Sorten in ungewöhnlichen Tönen, wie 'Caramel' (Foto), karamelgolden, unterseits tiefrot.

Gold-Wolfsmilch
Euphorbia polychroma

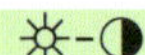

| S | ⭱ 30–50 | ✿ 4–5 | ☀-◐ |

Auffallende Begleitstaude im Frühlingsgarten.
Wuchs: Rundliche Horste, dicht mit weichen eiförmigen Blättern besetzt, schöne Herbstfarbe.
Blüte: Winzig, mit leuchtend grüngelben Hochblättern, in dichten Schöpfen an den Triebenden.
Pflege: Benötigt keine besondere Pflege. Bei Verkahlen Rückschnitt nach der Blüte.
Verwendung: Einzeln oder gruppenweise im Frühlingsbeet, im Steingarten oder am Gehölzrand.
Hinweis: Die Pflanze und ihr Milchsaft sind giftig.

Süßkartoffel
Ipomoea batata

| ☉ | ⭱ 20–40 | ✿ – | ☀ |

Blattschmuck in ungewöhnlichen Leuchtfarben.
Wuchs: Kompakte Büsche mit kurzen, dicht belaubten Trieben, teilweise auch rankend.
Blüte: Bildet keine Blüten.
Pflege: Ausreichend wässern und düngen; Rückschnitt bei Bedarf möglich.
Verwendung: Auffallender Blattschmuck für Beeträder und Einfassungen, schön auch im Topf.

Sorten: Sweet Heart 'Terrace Lime' (Foto), leuchtend gelbgrün, mit zugespitzt herzförmigem Laub; Sweet Caroline 'Light Green', goldgrünes, fingerförmiges Laub.

Gelblaubiges Pfennigkraut
Lysimachia nummularia 'Aurea'

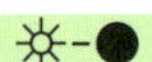

| S | ⭱ 5–10 | ✿ 5–7 | ☀-◑ |

Gelblaubiger Bodendecker für feuchte Bereiche.
Wuchs: Durch Kriechtriebe flache Teppiche bildend, Blätter rundlich, leuchtend gelbgrün, paarweise gegenüber stehend.
Blüte: Schalenförmig, leuchtend gelb, in den Blattachseln sitzend.
Pflege: Benötigt keine besondere Pflege.
Verwendung: Als Flächendecker auf feuchten bis nassen Böden; schön zu dunkellaubigen Stauden.

Sorten: 'Goldilocks' (Foto), ähnlich 'Aurea'.

4 Gold-Flattergras
Milium effusum 'Aureum'

G	⭱ 30–80	✿ 5–6	◑

Effektvoller Lichtbringer im Schatten.
Wuchs: Lockere Horste mit übergeneigten, kräftig goldgelb gefärbten Blättern an bogigen Trieben.
Blüte: Kleine perlartige Blüten in verzweigten, locker überhängenden Rispen über dem Laub.
Pflege: Keine Pflege nötig.
Verwendung: Für humusreiche, lockere Böden am Gehölzrand oder im Beet. Schön zusammen mit kontrastierenden Blattschmuckpflanzen.
Hinweis: Hellt Schattenpartien auf.

5 Goldgelbe Steif-Segge
Carex elata 'Aurea' (= 'Bowles' Golden')

G	⭱ 40–60	✿ 4–5	◑

Goldgelber Farbklecks im Garten.
Wuchs: Dichtbuschige Horste mit langen, elegant überhängenden, goldgelben Blättern.
Blüte: Schlanke, gestielte Ähren an zarten Trieben über dem Laub.
Pflege: Bei Bedarf wässern, Blütentriebe zurückschneiden. Sonst keine spezielle Pflege nötig.
Verwendung: Auf ausreichend Bodenfeuchte achten. Bevorzugt am Gehölzrand.
Hinweis: Bleibt auch im Winter grün.

6 Gelbbunte Segge
Carex oshimensis 'Evergold'

G	⭱ 20–30	✿ 4–5	◑-●

Dauerhaftes Blatt-Gold für schattige Partien.
Wuchs: Flache Horste aus bogigen, etwas steifen Blättern, die einen hellgelben Mittelstreif aufweisen. Immergrün!
Blüte: Unscheinbare, schlanke, kurze Ähren, an zarten Trieben über dem Laub.
Pflege: In rauen Lagen Winterschutz geben. Horste gelegentlich ausputzen und verbraunte Blätter entfernen.
Verwendung: Vor oder unter Gehölzen. Bevorzugt in Gruppen pflanzen.

Blattschmuck in Rot, Braun und Purpur

Dunkellaubiger Blattschmuck besticht durch tiefe, schwere Farben, von verschiedensten Brauntönen über Rot bis hin zu Purpur. Er gibt einer Pflanzung die notwendige Bodenhaftung, sorgt für einen zurückhaltenden Hintergrund, vor dem intensive Farben wie knalliges Rot, tiefes Violett oder leuchtendes Pink erst richtig zur Geltung kommen.

Mit diesen Blattschmuckpflanzen lassen sich ganz ungewöhnliche Farbkombinationen schaffen, die so noch vor wenigen Jahren gar nicht denkbar waren. Derzeit werden laufend neue Heuchera-Sorten gezogen, die den aktuellen Farbtrend aufgreifen und von den Gartengestaltern begeistert aufgenommen werden – ebenso wie neuere Gräserzüchtungen mit rotem Laub.

Aber auch mit Klassikern, z. B. der Blut-Berberitze, oder dunkel-laubigen Dahlien wie der Sorte 'Bishop of Llandaff' lassen sich leicht aufsehenerregende Effekte erzielen.

Blut-Berberitze und *Heuchera* lassen sich hervorragend als dunkellaubige Begleiter einsetzen – hier greift auch die Blut-Buchenhecke die Farbe nochmals auf.

1 Roter Perückenstrauch
Cotinus coggygria 'Royal Purple'

Str	⬆ 1,5–2 m	✿ 6–7	☀

Purpurlaubiger Strauch mit duftigen Blütenwolken.
Wuchs: Breitbuschiger, rundlicher Strauch mit eiförmigen, purpur- bis schwarzroten Blättern und gelbroter Herbstfärbung.
Blüte: Sehr kleine gelblich-rote Blüten in fedrigen Rispen an den Triebenden, die perückenartige, dunkelrote Fruchtstände bilden.
Pflege: Wenig schneiden oder nur auslichten.
Verwendung: In kleineren Gartenbereichen oder am Beetrand, auch auf trockenen Standorten.

2 Blut-Berberitze
Berberis thunbergii 'Atropurpurea'

H	⬆ 50–80	✿ 5	☀-◐

Unverwüstlicher Hecken-Klassiker in Rot.
Wuchs: Sommergrüner, stark verzweigter und bedornter Strauch mit kleinen, eiförmigen Blättern.
Blüte: Klein, gelb, süß duftend; im Herbst längliche rote Beeren.
Pflege: Schnitt nach der Blüte (Handschuhe tragen!). Gelegentlich überalterte Triebe entfernen.
Verwendung: Für jeden Gartenboden.

Sorten: 'Atropurpurea Nana' (Foto), nur 40–60 cm hohe Zwergform, für niedrige Hecken und Einfassungen.

3 Rizinus, Wunderbaum
Ricinus communis

☉	⬆ 1–2 m	✿ 7–10	☀

Eindrucksvoller Blattschmuck mit Exotik-Charme.
Wuchs: Strauchartig, mit sehr großen, handförmigen, purpurbraunen Blättern.
Blüte: Die männlichen gelblich, unscheinbar, die weiblichen als stachelige, blutrote Kugeln.
Pflege: Aussaat wenig lohnend. Reichlich wässern und düngen. Kühle, feuchte Standorte meiden.
Verwendung: Als Solitär im Beet oder im Kübel.
Hinweis: Die Samen sind äußerst giftig!

Sorten: 'Carmencita' (Foto), Laub schwarzrot.

Bronze-Fenchel
Foeniculum vulgare

S	↑ 100–150	✿ 7–9	☀-◐

Filigraner Blattschmuck, bildet duftige Schleier.
Wuchs: Straff aufrechte, kräftige Triebe mit haarfein gefiederten, braunroten Blättern.
Blüte: Gelbe, dillähnliche Doldenblüten.
Pflege: Braucht keine spezielle Pflege. Kurzlebig, sät sich jedoch selbst aus.
Verwendung: Einzeln oder in kleinen Gruppen, eingestreut in der Beetmitte oder als Hintergrund.

Sorten: 'Giant Bronze' (Foto), bronzefarbenes Laub; 'Rubrum', Blätter rotbraun.

Einfache Dahlie
Dahlia-Hybride 'Bishop of Llandaff'

Z	↑ 80–120	✿ 7–10	☀

Ganz in Rot – von den Blättern bis zu Blüte.
Wuchs: Große Knollenpflanze mit spitz-eiförmigen, purpurroten Blättern und straffen Blütentrieben.
Blüte: Leuchtend rote, leicht gefüllte große Körbchenblüten.
Pflege: Ende April pflanzen. Kräftig wässern, mäßig düngen, bei Bedarf stützen. Triebe nach der Blüte abschneiden, Knollen frostfrei in Sand überwintern.
Verwendung: Gruppenweise im Beet, schön zu roten Rosen sowie Herbst-Astern, Gräsern.

Rauer Wasserdost
Eupatorium rugosum 'Chocolate'

S	↑ 80–100	✿ 7–9	☀-◐

Blickfang mit ungewöhnlichem Laub.
Wuchs: Große Horste aus straff aufrechten Trieben mit paarweisen rotbraunen, breit lanzettlichen Blättern.
Blüte: Kleine weiße Körbchenblüten in dichten Doldenrispen über dem Laub.
Pflege: Bei anhaltender Trockenheit wässern.
Verwendung: Einzeln oder in kleinen Gruppen, besonders schön zu warmen Blütenfarben.

4 Rote Garten-Melde
Atriplex hortensis 'Rubra'

| ☉ | ⬆ 80–100 | ✿ 7–8 | ☼ |

Purpurroter Blattschmuck mit essbarem Laub.
Wuchs: Buschige Horste mit kräftigen, aufrechten Trieben und dreieckigen, tief purpurroten Blättern.
Blüte: Unscheinbare, gelbliche Knäuel, in Rispen.
Pflege: Aussaat ins Freie ab April. Rückschnitt nach der Blüte.
Verwendung: In kleinen Gruppen, als Einfassung oder zwischen Sommerblumen und Stauden im Beet.
Hinweis: Essbare, milde Spinat-Verwandte.

5 Schwarznessel
Perilla frutescens

| ☉ | ⬆ 30–70 | ✿ 9–10 | ☼ |

Nachtschwarzes Asia-Flair mit würzigem Duft.
Wuchs: Aufrecht, buschig, mit zugespitzten, breit herzförmigen, schwarzpurpurnen Blättern.
Blüte: Kleine weiße Lippenblüten in den Blattachseln.
Pflege: Aussaat ins Freie ab Mai. Keine besondere Pflege nötig; kalte, feuchte Plätze meiden.
Verwendung: Als Strukturpflanze eingestreut ins Beet, um bunte Farben zu beruhigen.
Hinweis: Traditionelle Würz- und Heilpflanze aus Asien, die sich auch als Gemüse verwenden lässt.

6 Süße Wolfsmilch
Euphorbia dulcis 'Chameleon'

| S | ⬆ 30–40 | ✿ 5–6 | ☼–◐ |

Intensiver, bei Sonne leuchtender Blattschmuck.
Wuchs: Buschige Horste aus aufrechten Trieben, dicht mit schmal elliptischen, braunroten Blättern besetzt.
Blüte: Winzig, gelblich, mit purpurroten Hochblättern.
Pflege: Bei anhaltender Trockenheit wässern.
Verwendung: Einzeln oder in Gruppen als Blickfang im Beet.
Hinweis: Die Pflanze und ihr Milchsaft sind giftig.

Purpurglöckchen
Heuchera-Hybriden

| S | ⇡ 30–60 | ✿ 6–8 | ☀-◑ |

Blattschmuck für Farbexperimente.
Wuchs: Polsterförmig, mit rundlichen, gelappten Blättern; in Rot-, Purpur- und Brauntönen, oft mit kontrastierender Unterseite; teils wintergrün.
Blüte: Winzig, weiß oder rot, in duftigen Rispen auf straffen Stielen hoch über dem Laubteppich.
Pflege: In rauen Lagen Winterschutz.
Verwendung: Einzeln oder gruppenweise, als Beeteinfassung, am Gehölzrand, im Kübel.

Sorten/Ähnliche Art: Viele neue Sorten in ungewöhnlichen Tönen wie 'Blackberry Jam', brombeerrot; 'Chocolate Ruffles' (Foto), braunviolett, stark gewellter Rand.

Schlangenbart
Ophiopogon planiscapus 'Nigrescens'

| S | ⇡ 10–20 | ✿ 6–8 | ◐-● |

Ungewöhnlicher Blickfang für Schattenpartien.
Wuchs: Grasartige Horste aus fast schwarzen, metallisch glänzenden Blättern; wintergrün.
Blüte: Unscheinbar, lila; schwarzblaue Früchte.
Pflege: Am besten im Frühjahr pflanzen.
Verwendung: Gruppenweise am Gehölzrand oder im Schattenbeet. Schön zu Frühlingsblühern!
Hinweis: Kein Gras, sondern ein Liliengewächs.

Süßkartoffel
Ipomoea batata

| S | ⇡ 20–40 | ✿ 6–8 | ☀ |

Fast unwirkliche Farbtöne sorgen für Wirkung.
Wuchs: Kompakte Büsche mit kurzen, dicht belaubten Trieben, teilweise auch rankend.
Blüte: Bildet keine Blüten.
Pflege: Ausreichend wässern und düngen; Rückschnitt bei Bedarf möglich.
Verwendung: Auffallender Blattschmuck für Beetränder und Einfassungen, schön auch im Topf.

Sorten: 'Blacky' (Foto), fast schwarz, und Sweet Heart 'Purple', schwarzpurpurnes, zugespitzt herzförmiges Laub; Sweet Caroline 'Purple', schwarzpurpurn, fingerförmiges Laub.

4 Kriechender Günsel
Ajuga reptans

S	⇧ 10–20	✿ 5–6	◑–●

Heimischer Bodendecker mit attraktivem Laub.
Wuchs: Teppichbildend, bogig aufsteigende
Triebe mit rundlichen, wintergrünen Blättern.
Blüte: Kurze, dichte, leuchtend blaue Blüten-
kerzen.
Pflege: Gelegentlich düngen oder mit Kompost
versorgen. Bei zu starker Ausbreitung abstechen.
Verwendung: Am Beetrand oder unter Gehölzen.

Sorten: 'Atropurpurea', rotbraunes Laub; 'Burgundy Glow'
(Foto), Blätter dreifarbig weiß-pink-grün.

5 Einjähriges Lampenputzergras
Pennisetum setaceum 'Rubrum'

G/☉	⇧ 40–80	✿ 7–10	☼

Sehr aparte Gräserzierde fürs Beet.
Wuchs: Dichte halbkugelige Horste mit langen,
bogig überhängenden, rotbraunen Blättern.
Blüte: Schlanke, fedrig-walzenförmige, rotbraune Ähren auf langen Stielen über dem Laub.
Pflege: Wird einjährig gezogen, kann aber frostfrei in Töpfen überwintert werden.
Verwendung: Blickfang im Beet oder im Kübel;
schöner Trockenblumenschmuck.

6 Japanisches Blutgras
Imperata cylindrica 'Red Baron'

G	⇧ 30–40	✿ –	☼

Blutroter Gräser-Zwerg.
Wuchs: Lockere, kleine Horste aus aufrechten,
breiten Blättern, zunächst hellgrün, bald danach
tiefrot gefärbt. Bildet kurze Ausläufer.
Blüte: Blüht in unserem Klima nicht.
Pflege: Braucht eine Abdeckung aus Laub oder
Reisig als Winterschutz.
Verwendung: Ein echter Hingucker im Beet!

Gräser als zarte Begleiter im Beet

Filigrane Leichtigkeit und feine Eleganz – diese aparte Mischung strahlen Gartengräser aus. In der modernen Beet-gestaltung spielen sie deshalb seit geraumer Zeit eine immer größere Rolle. Gräser sind »in« – und das aus vielen Gründen: Sie eignen sich hervor-ragend zum problemlosen Kombinieren, sind dabei aber gleichzeitig absolut pflegeleicht. Dank ihrer unscheinbaren Blüten konkurrieren sie nicht mit den anderen Stauden um Aufmerksamkeit, wirken stattdessen im Gesamtbild ausgleichend und beruhigend. Gleichzeitig erzeugen ihre zarten Blütenstände einen dezenten Schleier, der auch zwischen ganz verschiedenen, auffälligen Blütenpflanzen gut vermitteln kann. Zudem bringt ihr horstförmiger Aufbau aus zahlreichen feinen Halmen deutliche Struktur ins Beet, und hilft dadurch, die optisch notwendige Klarheit zu schaffen. Alles in allem viele gute Eigenschaften, die Gräser fast unverzichtbar machen – sodass man sie als perfekte Begleiter nicht genug hervorheben kann.

Von üppigen Solitärs wie dem Chinaschilf bis zum Lampenputzergras als grazilem Begleiter – Gräser bieten ein breites Gestaltungsspektrum für den Garten.

1 Garten-Reitgras
Calamagrostis × acutiflora 'Karl Foerster'

G	↑ 40–150	❀ 6–8	☀–◐

Wichtiger Strukturbildner im Beet.
Wuchs: Dichte, schmalblättrige Horste, straff aufrechte Blütentriebe, goldbraune Herbstfärbung.
Blüte: Cremefarbene Rispe, zur Blütezeit fedrig ausgebreitet, danach ährenartig schmal.
Pflege: Rückschnitt im Spätwinter.
Verwendung: Einzeln oder in Gruppen. Vielfältig kombinierbar, besonders im Herbstbeet.

2 Ruten-Hirse
Panicum virgatum

G	↑ 60–150	❀ 7–9	☀

Herbstfärbung wie im Indian Summer.
Wuchs: Aufrechte Horste mit schmal linealischen Blättern, die sich je nach Sorte ab Spätsommer goldgelb bis tiefrot verfärben.
Blüte: Perlförmig in reich verzweigten, feinstieligen Rispen hoch über dem Laubhorst.
Pflege: Keine besondere Pflege nötig.
Verwendung: Schöner Begleiter für Staudenrabatten, besonders wirkungsvoll im Herbst.

Sorten: 'Hänse Herms' (= 'Rotstrahlbusch'), leuchtend rot; 'Strictum', steifer aufrecht und höher, ockergelb.

3 Lampenputzergras
Pennisetum alopecuroides

G	↑ 40–100	❀ 8–10	☀

Grazil und elegant – so liebt man Gräser.
Wuchs: Große, halbkugelige Horste mit sehr langen, bogig überhängenden Blättern.
Blüte: Walzenförmige rotbraune Ähren, die an langen Stielen zwischen und über dem Laub sitzen.
Pflege: Ausreichend wässern. Rückschnitt der schönen Winterwirkung wegen erst im Frühjahr.
Verwendung: Auff ausreichend feuchten Böden im Beet, als Solitär, zu Rosen und am Teich.

Sorten: 'Compressum', etwas kompakter, schöne gelbbraune Herbstfarbe; Hameln', kompakt, früh und reich blühend.

Einjähriges Lampenputzergras
Pennisetum setaceum

G/☉ | ⇡ 40–100 | ✿ 8–10 | ☀

Herrlich-duftige Gräsereleganz!
Wuchs: Dichte halbkugelige Horste mit langen, bogig überhängenden Blättern.
Blüte: Schlanke, fedrig-walzenförmige, rosa-braune Ähren auf langen Stielen über dem Laub.
Pflege: Wird einjährig gezogen, kann aber frostfrei in Töpfen überwintert werden.
Verwendung: Schöner Staudenpartner im Beet, auch zu Rosen. Toll als Trockenblumenschmuck!

Sorten: 'Rubrum', rotbraune Halme, Blätter und Blüten.

Rasen-Schmiele
Deschampsis cespitosa

G | ⇡ 40–120 | ✿ 6–7 | ◑

Zauberhaft zart und duftig im Gegenlicht.
Wuchs: Halbkugelige bis breite Horste, lange, schmale, scharf gekielte und oberseits raue Blätter in frischem Grün.
Blüte: Fein verästelte, längliche Blütenrispen auf straffen Stielen, zunächst grün, später gelblich.
Pflege: Kaum Pflege. Blütentriebe wegen der dekorativen Wirkung über Winter stehen lassen.
Verwendung: Auf ausreichend feuchten Böden.

Silberährengras
Stipa (Syn.: *Achnatherum*) *calamagrostis*

G | ⇡ 30–90 | ✿ 6–9 | ☀

Sorgt dauerhaft für duftige Struktur im Beet.
Wuchs: Breite Horste mit überhängenden Blütenhalmen.
Blüte: Schlanke silbrige Rispen auf bogig geneigten Stielen. Lange Blütezeit!
Pflege: Keine Pflege nötig.
Verwendung: Im Beet wie auf Freiflächen im Naturgarten, einzeln oder in Gruppen. Schwere Böden meiden!

Sorten: 'Lemperg', kompakter, schöne braunrote Herbstfarbe.

Diamantgras
Calamagrostis (Syn.: Achnatherum) brachytricha

G	⇧ 50–100	✿ 8–10	☼

Ein echtes Schmuckstück im Beet.
Wuchs: Breitrunde Horste aus dunkelgrünen schmalen Blättern, überragt von den dicht stehenden Blütentrieben.
Blüte: Feine kegelförmige, silbrig- bis braunrosa gefärbte Rispen über dem Horst.
Pflege: Kaum Pflege. Die Blütentriebe den über Winter stehen lassen, wirken sehr dekorativ.
Verwendung: Einzeln oder in Gruppen im Beet, passt als Begleiter zu vielen Blütenstauden.
Hinweis: Glitzert zauberhaft im Tau.

Wimper-Perlgras
Melica ciliata

G	⇧ 30–60	✿ 5–6	☼

Flauschiger Blütenschmuck für viele Wochen.
Wuchs: Lockere Horste aus graugrünen, schmal linealischen, meist eingerollten Blättern.
Blüte: Silbrig-weiße, schmal walzenförmige Ähren auf leicht geneigten Stielen über dem Laub.
Pflege: Wuchernde Nachbarpflanzen fernhalten.
Verwendung: Auf kalkhaltigen, eher mageren und trockenen Böden; gruppenweise im Steppenbeet und im Steingarten.

Moor-Pfeifengras
Molinia caerulea

G	⇧ 30–70	✿ 8–10	☼-◐

Hübsches Rabattengras mit warmer Herbstfarbe.
Wuchs: Aufrechte, dichte Horste mit schmalen, blaugrünen, im Herbst gelbbraunen Blättern.
Blüte: Schlanke Blütenrispen an steifen Stielen über dem Laubhorst.
Pflege: Bei Trockenheit wässern, Rückschnitt erst im Frühjahr.
Verwendung: Duftiges Ziergras für Beete und naturnahe Pflanzungen.

Sorten: 'Moorhexe', strafferer Wuchs, 40-70 cm; 'Variegata', Blätter gelblich weiß gestreift, 40-60 cm.

Ländlich – mit natürlichem Charme

Der Traum vom Bauern- oder Landhausgarten hat immer auch mit dem Wunsch nach Ursprünglichkeit, nach Lebendigkeit und Verbundenheit mit der Natur zu tun: Hier dürfen Pflanzen verschiedenster Art durcheinander wachsen. Früher wurden in solchen Gärten Zierpflanzen zum Schnitt gezogen, zusammen mit Gemüse und den passenden Kräutern.

Heute spielen – neben üppig blühenden Prachtstauden – auch bunte Sommerblumen und Rosen eine wichtige Rolle. Dabei kommen vor allem die Strauchrosen zum Einsatz: Am Zaun oder am Haus in Terrassennähe gepflanzt, verzaubern sie uns mit ihren duftenden Blüten. Umrahmt von weiteren Sträuchern wie Flieder, Goldregen oder Bauernjasmin geht der Traum vom romantischen Landhausgarten ganz einfach in Erfüllung.

Stockmalven, Brennende Liebe, Gold-Garbe , Sonnenauge – Landhausgärten sind einfach zum Träumen schön!

1 Bauern-Hortensie
Hydrangea-Macrophylla-Hybride

| Str | ↕ 1–1,5 m | ✿ 6–9 | ☀–◐ |

Der Inbegriff eines Bauerngartenstrauches.
Wuchs: Aufrechter, dichtbuschiger Strauch mit
großen, frischgrünen, elliptischen Blättern.
Blüte: Große ballförmige Blütenstände, bei man-
chen Sorten auch schirmförmig (»Teller-Horten-
sien«), in Rosa, Rot, Blau, Violett oder Weiß.
Pflege: Verblühtes erst im Frühjahr entfernen;
auf gleichmäßig Bodenfeuchte achten. Blaue
Sorten brauchen Alaun-Düngung.
Verwendung: Als Blickfang am Eingang oder Zaun.

2 Alte Rose 'Charles de Mills'
Rosa gallica-Hybride

| R | ↕ 1–1,5 m | ✿ 6–8 | ☀ |

Herrlicher Duft und Blüten mit nostalgischem Flair.
Wuchs: Rundlicher, buschiger Strauch mit leicht
überhängenden Trieben und mattgrünem Laub.
Blüte: Groß, schalenförmig, sehr dicht gefüllt,
purpurrot mit starkem Duft.
Pflege: Ausreichend wässern und düngen, zu alte
Triebe auslichten, Verblühtes entfernen.
Verwendung: Einzeln als Blickfang, etwa an der
Terrasse, im Vorgarten oder am Zaun.

Sorten: Es gibt viele weitere Alte Rosen mit ähnlichem Charakter, etwa 'Jacques Cartier' oder 'Königin von Dänemark'.

3 Duftwicke, Edelwicke
Lathyrus odoratus

| K/☉ | ↕ 1–2 m | ✿ 6–9 | ☀ |

Bauerngartenpflanze mit natürlichem Charme.
Wuchs: Raschwüchsige Kletterpflanze, die sich
mit fadenartig umgebildeten Blattfiedern empor-
rankt; Blätter dreiteilig, graugrün.
Blüte: Große, stark duftende Schmetterlings-
blüten in Rosa, Rot, Violett oder Weiß.
Pflege: Aussaat ins Freie ab April. An eine Rank-
stütze setzen, ausreichend wässern und düngen.
Verwendung: Zum Beranken von Zäunen,
Rankgerüsten oder Schnüren.

Kapuzinerkresse
Tropaeolum majus

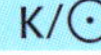  

K/☉	⇧⬆ 20–200	✿ 7–10	☀–◐

Leuchtkräftige Blüten und üppige Wuchskraft.
Wuchs: Meist buschige Horste mit runden, etwas gelappten, in der Mitte gestielten Blättern; rankende Sorten klettern bis 2 m hoch.
Blüte: Groß, trichterförmig mit Sporn, gelb, orange, rot; Blüten und Knospen sind essbar.
Pflege: Aussaat ins Freie ab Mai. Mäßig düngen.
Verwendung: Sehr vielseitig: als Bodendecker, am Beetrand oder zum Beranken von Zäunen o. Ä.

Stockrose, Stockmalve
Alcea rosea (Syn.: *Althaea rosea*)

⊙	⬆ 150–200	✿ 7–9	☀

Aus dem Bauerngarten nicht wegzudenken!
Wuchs: Im 1. Jahr eine Blattrosette, im 2. Jahr straff aufrechte, handförmig belaubte Triebe.
Blüte: Groß, malvenartig, an den Triebenden; in Rosa, Rot, auch Gelb oder Weiß, teils gefüllt.
Pflege: Luftig auf nährstoffreiche Böden pflanzen; ab und zu düngen. Sät sich selbst aus.
Verwendung: Einzeln oder in Gruppen, am Zaun, vor Mauern oder im Hintergrund von Rabatten.

Rittersporn
Delphinium-Hybriden

S	⬆ 80–200	✿ 6–8/9	☀

Ein Klassiker unter den Bauerngartenblumen.
Wuchs: Straff aufrechte Horste, Blätter handförmig zerteilt.
Blüte: Je nach Sorte lockere bis sehr dichte Kerzen in Blautönen, Rosa oder Weiß.
Pflege: Austrieb vor Schneckenfraß schützen. Hohe Sorten stützen. Nach der Blüte bis auf 10 cm zurückschneiden, dann zweite Blüte.
Verwendung: Wunderbar zu Rosen, aber auch zu vielen anderen Beetstauden und Gräsern.

Sorten: *Elatum*-Hybriden, dichtblütig, 120–200 cm; 'Magic Fountains' (Foto), als Farbsorten, halbgefüllt, standfest, nur 80–100 cm.

4 Buschmalve, Strauchpappel
Lavatera-Hybride

S | ↑ 120–180 | ✿ 7–10 | ☀

Üppiger Dauerblüher mit Landhauscharakter.
Wuchs: Große, reich verzweigte Büsche mit handförmig gelappten Blättern.
Blüte: Große Malvenblüten in Rosa oder Rot.
Pflege: Rückschnitt nach der Blüte verlängert die Blütezeit; in rauen Lagen Winterschutz geben.
Verwendung: Einzeln oder in Gruppen, als Blickfang, am Zaun oder Hauseingang, auch im Kübel.

Sorten: 'Barnsley', weißrosa mit roter Mitte; 'Kew Rose' (Foto), rosa.

5 Glattblatt-Aster
Aster novi-belgii

S | ↑ 80–140 | ✿ 9–10 | ☀

Sorgt für farbenfrohen Abschluss der Blühsaison.
Wuchs: Große Horste aus aufrechten Trieben mit glatten, lanzettlichen Blättern; kurze Ausläufer.
Blüte: Körbchenblüten in dichten Rispen, in Rosa, Rot- und Violetttönen sowie Weiß.
Pflege: Bei Trockenheit gründlich wässern, um Mehltau vorzubeugen; bei Bedarf stäben.
Verwendung: Schön zu Phlox, Gräsern und anderen Herbstblühern. Gute Schnittblume.

Sorten: 'Dauerblau', dunkelblau, 120 cm; 'Royal Ruby', leuchtend rot, 80 cm; 'Schöne von Dietlikon' (im Foto vorn), blauviolett, 120 cm.

6 Fingerhut
Digitalis purpurea

S/◑ | ↑ 100–150 | ✿ 6–7 | ◐-●

Pflegeleichte Staude für Schattenplätze.
Wuchs: Straff aufrechte Triebe aus einer Blattrosette am Grund, Blätter graufilzig, spitz-eiförmig.
Blüte: Große rosa bis purpurfarbene Blütenglocken, innen weißlich, gefleckt.
Pflege: Rückschnitt nach der Blüte.
Verwendung: Schön am Gehölzrand.
Hinweis: Achtung, sehr giftig! Oft nur zweijährig, vermehrt sich jedoch durch Selbstaussaat.

Kosmee, Schmuckkörbchen
Cosmos bipinnatus

☉ ⚑ 60–120 ✿ 7–10 ☼

Anmutiger, dankbarer Langzeitblüher.
Wuchs: Aufrechte, steife, oberwärts verzweigte Stängel mit nadelfein zerteiltem Laub.
Blüte: Große Schalen in Rosa, Karminrot oder Weiß mit gelber Mitte, am Rand teils eingerollt.
Pflege: Aussaat ins Freie ab Ende April. Verblühtes laufend aussschneiden; bei Bedarf stäben.
Verwendung: In Gruppen, zu vielen Stauden und Sommerblumen sowie Rosen kombinierbar.

Dahlien
Dahlia-Hybriden

Z ⚑⬆ 30–150 ✿ 7–10 ☼

Ein echter Klassiker für den Bauerngarten.
Wuchs: Große Knollenpflanze mit spitz-eiförmigen, dunkelgrünen Blättern und straffen Trieben.
Blüte: Große Körbchenblüten in fast allen Farben, von ungefüllt bis dicht pomponartig gefüllt.
Pflege: Ende April pflanzen. Kräftig wässern, mäßig düngen, bei Bedarf stützen. Nach der Blüte abschneiden, Knollen frostfrei in Sand lagern.
Verwendung: Gruppenweise im Beet oder am Zaun miteinander gemischt; schön zu Herbst-Astern und Gräsern.

Sonnenauge
Heliopsis helianthoides

S ⬆ 80–150 ✿ 7–9 ☼

Reichblühende Rabattenstaude die Sonne.
Wuchs: Große, breite Horste mit spitz eiförmigem dunkelgrünem Laub.
Blüte: Zahlreiche große, gelbe, je nach Sorte auch gefüllte Körbchenblüten.
Pflege: Verblühtes ausschneiden, um die Blütezeit zu verlängern; bei Bedarf etwas stützen.
Verwendung: Schön in Sommerbeeten mit Rittersporn, Sonnenbraut und Indianernesseln.

Sorten: 'Goldgefieder', goldgelb, gefüllt, 130 cm; 'Hohlspiegel', goldgelb, halbgefüllt und großblütig, 130 cm.

3 Sonnenbraut
Helenium-Hybriden

S	⬆ 80–150	✿ 6–9	☀

Prächtig blühende, pflegearme Sommerstaude.
Wuchs: Große Horste mit lanzettlich beblätterten Trieben.
Blüte: Nach außen verbreitete Strahlenblüten in warmen Farben um eine kugelige, braune Mitte.
Pflege: Ausreichend wässern, höhere Sorten stützen.
Verwendung: Im sonnigen Staudenbeet auf nicht zu trockenen Böden. Vielfältig kombinierbar.

Sorten: Baudirektor Linne', rotbraun, 120 cm; 'Kugelsonne', hell-gelb, 150 cm; 'Zimbelstern' (Foto), gelb- bis kupferbraun, 130 cm.

5 Stauden-Phlox
Phlox-Paniculata-Hybriden

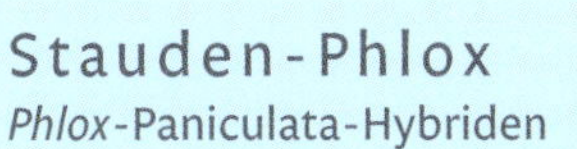

S	⬆ 70–130	✿ 6–9	☀–◐

Duftende Prachtstaude mit Landhausflair.
Wuchs: Dichte Horste mit straffen Trieben und gegenüberstehenden, spitz-eiförmigen Blättern.
Blüte: Tellerförmig in dichten Trauben, weiß, rosa, rot, violett, oft mit Auge, stark duftend.
Pflege: Ausreichend wässern und düngen, bei Bedarf stützen, nach der Blüte zurückschneiden.
Verwendung: Gruppenweise im Beet, passt zu vielen anderen Stauden und Gräsern.

Sorten: Die breite Sortenpalette bietet neben verschiedenen Farben auch unterschiedliche Höhen und Blütezeiten.

6 Brennende Liebe
Lychnis chalcedonica

S	⬆ 80–100	✿ 6–7	☀

Bauerngartenschatz in flammender Farbe.
Wuchs: Aufrechte Horste mit steifen Trieben und eiförmigen, sich gegenüberstehenden Blättern.
Blüte: Sternförmig, leuchtend orangerot, in kleinen schirmförmigen Dolden an den Triebenden.
Pflege: Ausreichend wässern und düngen; Rückschnitt nach der Blüte, sonst kurzlebig.
Verwendung: In größeren Gruppen in der Rabatte; schön zu Garten-Margeriten, Salbei, Gräsern.

Garten-Eisenhut
Aconitum × cammarum

| S | ⇧ 100–150 | ✿ 7–8 | ◐–● |

Bewährter Klassiker alter Bauerngärten.
Wuchs: Aufrechte Horste aus straffen Trieben mit handförmigen, tief zerteilten Blättern.
Blüte: Leuchtend blau, helmförmig, in schlanken Rispen an den Triebenden.
Pflege: Bei Trockenheit wässern; ausreichend düngen.
Verwendung: Kühle, nährstoffreiche Plätze.
Hinweis: Alle Teile sind stark giftig!

Sorten: 'Bicolor' (Foto), Blüten in bayerischem Weiß-Blau.

Purpursonnenhut
Echinacea purpurea

| S | ⇧ 60–100 | ✿ 7–9 | ☼ |

Markanter Sommerblüher, Schmetterlingsmagnet.
Wuchs: Aufrechte Horste mit rauen, spitz-eiförmigen Blättern.
Blüte: Groß, einzeln, mit erhabener, orangebrauner Mitte und breiten Strahlen.
Pflege: Kurzlebig, daher regelmäßig nachpflanzen.
Verwendung: In Gruppen, für nicht zu schwere Böden.

Sorten: 'Alba', weiß; 'Magnus', karminrot; 'Art's 'Pride' (Foto), leuchtend orangeroot.

Bauern-Pfingstrose
Paeonia officinalis

| S | ⇧ 50–100 | ✿ 5 | ☼ |

Traditionelle alte Bauerngartenpflanze.
Wuchs: Breite Horste mit teils standschwachen Trieben und großen, dunkelgrünen, gefiederten Blättern.
Blüte: Groß, dicht gefüllt, rot, rosa oder weiß.
Pflege: Nur flach pflanzen. Im Frühjahr düngen, bei Bedarf stützen, Verblühtes entfernen.
Verwendung: Einzeln in der Rabatte oder als Blickfang, auch am Zaun oder vor Gehölzen.

Sorten: 'Rosea Plena', kräftig rosa; 'Rubra Plena' (Foto), dunkelrot.

4 Taglilie
Hemerocallis-Hybriden

| S | ⬆ 50–100 | ✿ 6–9 | ☀–◐ |

Robuster Dauerblüher mit vielen Farbtönen.
Wuchs: Breite Horste mit grasförmigen Blättern.
Blüte: Trichterförmig, in Gelb-, Orange-, Rosa-
und Rottönen bis Violett. Die Einzelblüte hält nur
einen Tag, doch treiben laufend neue Knospen.
Pflege: Stiele nach der Blüte ausschneiden.
Verwendung: In Gruppen auf nicht zu trockenen
Böden; schön zu Glockenblumen, Storchschna-
bel, Sonnenbraut und Gräsern.

Sortenbeispiel: 'Black Cat' (Foto), schwarzrot, 70 cm. Großes
Spektrum an Miniatur-, Klein- und Großblütigen Sorten, außerdem Wildarten wie *H. fulva*, braunorange, reichblütig, 70 cm.

5 Garten-Margerite
Leucanthemum-Superbum-*Gruppe*

| S | ⬆ 60–90 | ✿ 6–7/9 | ☀ |

Leuchtkräftige Staude mit natürlichem Charakter.
Wuchs: Breite Horste aus meist aufrechten Trie-
ben mit lanzettlichen, gezähnten Blättern.
Blüte: Große weiße Margeritenblüten, auch ge-
füllt.
Pflege: Ausreichend wässern und düngen; bei
Bedarf stützen. Rückschnitt nach der Blüte.
Verwendung: In Gruppen am Zaun oder in der
Rabatte. Gute Schnittblume.

6 Marien-Glockenblume
Campanula medium

| ☉ | ⬆ 60–80 | ✿ 6–7 | ☀ |

Typische, etwas vergessene Bauerngartenblume.
Wuchs: Im 1. Jahr Grundrosette mit rauen
Blättern, dann buschiger Horst aus aufrechten
Trieben.
Blüte: Große, breite Glockenblumen in Lila, Rosa
oder Weiß – als Farbsorten oder Mischung.
Pflege: Bei anhaltender Trockenheit wässern;
neigt zum Wuchern, daher bei Bedarf abstechen.
Verwendung: In Gruppen; passt gut zum Land-
haus-Flair, mit Bartnelken, Stockrosen etc.

Türkischer Mohn
Papaver orientale

S	⬆ 50–100	✿ 5–6	☀

Leuchtender Blickfang im Frühsommer.
Wuchs: Locker horstig, Blätter graugrün, länglich, fiederartig eingeschnitten, behaart.
Blüte: Sehr große Schalen in auffälligen Farben, in der Mitte oft schwarz gefleckt.
Pflege: Regelmäßig düngen und nach der Blüte scharf zurückschneiden.
Verwendung: In die Beetmitte oder im Hintergrund pflanzen, damit die Lücke nach dem Einziehen verdeckt wird.

Sortenbeispiel: 'Samba' (Foto), lachrot, großblütig.

Stauden-Lupine
Lupinus-Hybriden

S	⬆ 60–100	✿ 5–6	☀

Kurze, aber intensive Farbenpracht fürs Beet.
Wuchs: Aufrechte Horste aus straffen, mit handförmig zerteilten Blättern besetzten Trieben.
Blüte: Schmetterlingsblüten in Blau, Violett, Rosa, Rot, Gelb oder Weiß, in dichten Blütenkerzen.
Pflege: Kalkarmen Boden wählen. Rückschnitt nach der Blüte.
Verwendung: In gemischten Gruppen in der Mitte des Staudenbeetes.

Hohe Bart-Iris
Iris-Barbata-Elatior-Hybriden

S	⬆ 60–120	✿ 4–6	☀

Faszinierende Staude mit eindrucksvollen Blüten.
Wuchs: Oberflächennah kriechendes Rhizom mit schwertförmigen, graugrünen Blättern.
Blüte: Aus je 3 aufrechten und 3 herabhängenden Blütenblättern mit »Bart« bestehend; in fast allen Farbtönen, auch mehrfarbig.
Pflege: Rhizome waagerecht pflanzen, nur leicht mit Erde bedecken. Verblühtes abschneiden.
Verwendung: In Gruppen auf eher trockenen Böden, im Beet oder am Zaun, mit z. B. Pfingstrosen, Gräsern, Gold-Garbe und Garten-Margeriten.

4 Gold-Garbe
Achillea filipendulina

| S | 🔼 70–120 | ✿ 6–9 | ☀ |

Beliebter Dauerblüher für den Bauerngarten.
Wuchs: Aufrechte Horste mit straffen Stielen und fein gefiedertem, graugrünem Laub.
Blüte: Schirmförmige Teller aus winzigen Körbchenblüten in Gelbtönen, Hybriden rot und orange.
Pflege: Verblühtes ausschneiden, mäßig düngen.
Verwendung: Schön zu Rittersporn, Gräsern, Salbei und Rosen.

Sorten: *A.*-Hybride 'Credo', cremegelb, 80 cm (Foto); 'Parker's Variety', leuchtend gelbe, kompakte Dolden, 120 cm.

5 Purpur-Fetthenne
Sedum telephium

| S | 🔼 50–60 | ✿ 8–10 | ☀ |

Bewährte Bauerngartenstaude mit langer Blüte.
Wuchs: Breite Horste aus aufrechten Trieben mit fleischigen, ovalen, graugrünen Blättern.
Blüte: Klein, sternförmig, in schirmförmigen Dolden über den Trieben; altosa bis rostrot gefärbt.
Pflege: Braucht keine besondere Pflege. Rückschnitt erst im Frühjahr.
Verwendung: Herbstlicher Blütenschmuck im Beet. Auch als Schnittblume beliebt.

Sorten: 'Herbstfreude' (Foto), braunrot; 'Matrona', *S.*-Hybride, rosa.

6 Nachtviole
Hesperis matronalis

| S/☉ | 🔼 60–80 | ✿ 5–7 | ☀-◑ |

Heimische Bauerngartenstaude mit Abendduft.
Wuchs: Aufrecht, stark verzweigt, mit Grundblattrosette und dreieckigen Blättern.
Blüte: Vierblättrig, rosa, violett, auch weiß, in kegelförmigen Trauben, duftend.
Pflege: Zur Verlängerung der Blütezeit Verblühtes abschneiden.
Verwendung: Gruppenweise im Beet, am Gehölzrand, am Zaun; schön mit Glockenblumen, Garten-Margeriten, Fingerhut und Gräsern.

Levkoje
Matthiola incana

 ⊙   ↕ 30–90   ❀ 5–8   ☼

Duftwunder mit barockem Flair.
Wuchs: Meist eintriebig mit graugrünen, lanzett-lichen Blättern, selten buschig verzweigt.
Blüte: Rosa, rot, violett oder weiß, selten blass-gelb, oft gefüllt, mit starkem Duft.
Pflege: Eigene Aussaat mit Vorkultur ab März. Gut wässern und düngen, Verblühtes ausschneiden.
Verwendung: Gruppenweise in gemischten Rabatten mit Stauden oder anderen Sommerblumen.
Hinweis: Sehr gute Schnittblume!

Sommer-Salbei
Salvia nemorosa

S   ↕ 40–70   ❀ 5–7/9   ☼

Beliebter und lange blühender Farbträger im Beet.
Wuchs: Aufrechte Horste mit eiförmigen, matt-grünen Blättern.
Blüte: Meist blaue oder violette Lippenblüten in dichten Kerzen an den Triebenden.
Pflege: Scharfer Rückschnitt nach der Blüte sowie leichte Düngung regen die Zweitblüte an.
Verwendung: Guter Begleiter zu Rosen und vielen Beetstauden.

Sorten: 'Adrian' (Foto), weiß; 'Blauhügel', mittelblau; 'Ostfriesland', violettblau.

Tränendes Herz
Dicentra spectabilis

S   ↕ 60–80   ❀ 5–6   ◑

Zarter Frühlingsblüher mit anmutigen Blüten.
Wuchs: Breite Horste mit bogigen Trieben und graugrünen, gefiederten Blättern.
Blüte: Herzförmig, rosa mit weißer »Träne«.
Pflege: Braucht auf ausreichend feuchten Böden kaum Pflege. Möglichst nicht verpflanzen.
Verwendung: Einzeln und so pflanzen, dass die Lücke nach dem frühen Einziehen der Blätter verdeckt wird.

4 Löwenmäulchen
Antirrhinum majus

⊙ ⬆⬆ 20–100 ❀ 6–10 ☀–◑

Fröhlich, unkompliziert und schneckenrobust.
Wuchs: Buschig, reich verzweigt, mit dichten
Blütenkerzen an straff aufrechten Trieben.
Blüte: Auffällige Rachenblüten in kompakten
Ähren, in Gelb, Orange, Rosa, Rot oder Weiß.
Pflege: Eigene Anzucht nur mit Vorkultur, auf-
wändig. Rückschnitt nach der Erstblüte fördert
die Nachblüte; Samenansatz abschneiden.
Verwendung: Niedrige Sorten als Einfassung,
höhere in gemischten Rabatten, zum Schnitt.

5 Vergissmeinnicht
Myosotis sylvatica

⊙ ⬆ 15–30 ❀ 4–6 ☀–◑

Duftiger heimischer Frühlingsblüher.
Wuchs: Breitbuschig, verzweigte Triebe mit lan-
zettlichen Blättern.
Blüte: Kleine blaue, rosa oder weiße Sternchen in
Trauben über dem Laub.
Pflege: Aussaat im Juli, im September an den
endgültigen Platz verpflanzen.
Verwendung: In Gruppen unter lichten Gehölzen
oder im Frühlingsbeet, mit Tulpen und Narzissen.

Sorten: 'Compindi', dunkelblau; 'Nina weiß', weiß; 'Rosylva',
rosa.

6 Stiefmütterchen
Viola × wittrockiana

⊙ ⬆ 15–30 ❀ 3–5 ☀–◑

Kein Frühling ohne ihre fröhlichen Blüten!
Wuchs: Niedrige, breite Büsche aus lockeren
Trieben mit eiförmigen, eingekerbten Blättern.
Blüte: Breite Veilchenblüte, in unzähligen Farben
und -kombinationen, oft mit Zeichnung.
Pflege: Aussaat im Freien ab August; gut wässern
und düngen.
Verwendung: Gruppenweise im Beet oder im
Topf, sehr schön als Sortenmischung.

Formal – mit klarer Ordnung und Struktur

Klare Strukturen, Linien und Flächen bestimmen den Charakter formaler Gärten. Sie wirken sehr modern, weil in ihnen Verspieltheit keinen Platz hat, sondern sich die Gestaltung auf einige wesentliche Elemente beschränkt. Ähnlich wie in einer Designerwohnung kommen nur wenige »Objekte« zum Einsatz, die aber mit umso mehr Sorgfalt ausgewählt werden müssen – schließlich will man hier ganz bewusst eine Linie vorgeben und nichts dem Zufall überlassen.

Hecken spielen in formalen Gärten eine Hauptrolle: Ganz geradlinig gepflanzt, gliedern sie die Fläche. Völlig verpönt sind dagegen wild durcheinander wachsende Blumen oder gar bunte Sommerblumen. Stattdessen beherrschen reduzierte Farben und vor allem Weißtöne die Gartenbühne; deren effektvolle Wirkung wird von ausdrucksstarken Blattschmuckpflanzen und Gräsern unterstrichen.

Reduzierte Strukturen und rhythmische Wiederholungen bilden den Reiz eines formalen Gartens.

1 Kugel-Robinie
Robinia pseudoacacia 'Umbraculifera'

B	↑ 3–5 m	✿ –	☀

Ideal, um klare Akzente zu setzen.
Wuchs: Streng aufrechter Baum mit fast perfekt runder Krone; hellgrüne, aus elliptischen Blättchen zusammengesetzte Fiederblätter, im Herbst gelb.
Blüte: Die Sorte bildet keine Blüten.
Pflege: Auch stärkerer Rückschnitt wird gut vertragen.
Verwendung: Für jeden normalen Gartenboden.
Hinweis: Die Kugelform bleibt sortentypisch erhalten.

2 Weißbunter Etagen-Hartriegel
Cornus controversa 'Variegata'

Str	↑ 1,5–3 m	✿ 6	☀-◑

Etagenartiger, eleganter Strauch in weiß-grün.
Wuchs: Breiter, aufrechter Strauch mit regelmäßig etagenförmig angeordneten Ästen und elliptischen, gelbgrünen, weiß gerandeten Blättern.
Blüte: Klein, weiß, in breiten Schirmrispen; blauschwarze Früchte.
Pflege: Möglichst nicht schneiden, um die Wuchsform zu erhalten. Bei Trockenheit wässern.
Verwendung: Geschützten Platz wählen.

3 Gewöhnliche Eibe
Taxus baccata

H	↑ 1–2 m	✿ 3–4	☀-●

Für grüne Heckenwände in sauberster Form.
Wuchs: Buschiger, reich verzweigter, sehr schnittverträglicher Baum mit weichen, schwarzgrünen Nadeln.
Blüte: Unscheinbar; rote beerenartige Früchte.
Pflege: Eiben können beliebig in Form geschnitten werden und eignen sich ähnlich wie Buchs auch für geometrische Formen und Figuren.
Verwendung: Keine zu trockenen oder stark verdichtete Böden wählen.
Hinweis: Außer der roten Samenhülle sind alle Teile sehr giftig!

Buchsbaum
Buxus sempervirens

H	⇧ 20–60	✿ 4–5	☀–◐

Äußerst vielseitig und ideal für alle Schnittformen.
Wuchs: Immergrüner Baum, dicht verzweigt mit kleinen, ledrigen, elliptischen Blättern.
Blüte: Gelb, klein und unscheinbar.
Pflege: Junge Pflanzen schon ab Frühjahr und häufig schneiden, ältere nur vorsichtig. Endform nur noch im Sommer (Juni) nachschneiden.
Verwendung: Für niedrige Hecken und Beeteinfassungen sowie Figurenschnitt.

Sorten: 'Suffruticosa', Einfassungs-Buchs, beste Sorte für niedrige Hecken, nur 60–100 cm.

Bodendeckerrose 'Schneeflocke'
Rosa-Hybride

R	⇧ 40–50	✿ 6–11	☀

Pflegeleicht, sehr robust und überreich blühend.
Wuchs: Breitbuschiger Strauch, reich verzweigt, mit bogigen Trieben und glänzendem Laub.
Blüte: Mittelgroß, edelrosenartig, strahlend weiß, halbgefüllt, in dichten Büscheln, leicht duftend.
Pflege: Im Frühjahr kniehoch zurückschneiden.
Verwendung: In Gruppen oder flächig, im Beet, am Zaun oder als Wegbegleiter.

Sorten: Neben 'Schneeflocke' eignen sich noch zahlreiche weitere weiß blühende Sorten der Bodendecker- und Beetrosen.

Palmlilie
Yucca filamentosa

S	⬆ 120–180	✿ 7–9	☀

Reduziertes Wüsten-Flair für formale Gärten.
Wuchs: Dichter Horst aus schwertförmigen, bis 50 cm langen, blaugrünen Blättern; immergrün.
Blüte: Groß, weiß, glockenförmig, in einer großen Rispe hoch über der Blattrosette; duftend.
Pflege: Mineralisch düngen, Schutz vor Winternässe.
Verwendung: Einzeln oder in Gruppen auf eher trockenen, durchlässigen Böden; schön mit Woll-Ziest oder Lavendel sowie hohen Gräsern.

4 Funkie, Herzlilie
Hosta-Hybriden

S	⇧ 20–80	✿ 6–8	◐–●

Klare Blattformen für klar gestaltete Gärten.
Wuchs: Kompakte Horste mit lang gestielten, ganzrandigen, derben, stark geaderten Blättern.
Blüte: Je nach Sorte violette oder weiße, längliche Glocken in lang gestielten Trauben.
Pflege: Gelegentlich düngen. Vor allem den Austrieb vor Schneckenfraß schützen.
Verwendung: Einzeln oder in Gruppen am Gehölz- oder am Teichrand, im Beet oder im Kübel.

Sorten: Je nach Blattfarbe unterscheidet man Grünblatt-, Gelbblatt- und Blaublattfunkien sowie solche mit weiß gerandetem oder geflecktem Laub (Weißblattfunkien).

5 Frauenmantel
Alchemilla mollis

S	⇧ 30–40	✿ 6–7	☀–◐

Sehr vielseitige, robuste Begleitstaude.
Wuchs: Halbkugelförmig mit großen, rundlichen, gelappten Blättern.
Blüte: Klein, grüngelb, in dichten Schleiern.
Pflege: Rückschnitt nach der Blüte, altes Laub im Frühjahr entfernen.
Verwendung: Lässt sich als Bodendecker, Randbepflanzung, im Beet oder am Wasser verwenden.

6 Lavendel
Lavandula angustifolia

S/HStr	⇧ 30–60	✿ 6–8	☀

Betont streng geschnitten formale Anlagen.
Wuchs: Rundliche Polster aus am Grund verholzenden Trieben mit schmalem, graugrünem Laub; immergrün, aromatisch duftend.
Blüte: Kleine Lippenblüten in dichten, lang gestielten Ähren; violett, rosa oder weiß.
Pflege: Regelmäßig im Frühjahr kräftig stutzen.
Verwendung: Gruppenweise, als Beet- oder Wegeinfassung; schön zu Rosen.

Sorten: 'Alba', weiß; 'Hidcote Blue' (Foto), dunkelviolett; 'Hidcote Pink', rosa; 'Munstead', hell blauviolett.

Woll-Ziest
Stachys byzantina

S	⇡ 10–30	❀ 7–8	☀

Dezenter, stets gepflegt wirkender Begleiter.
Wuchs: Bildet dichte Teppiche aus elliptischen, filzig behaarten, silbergrauen Blättern.
Blüte: Kleine rosa Lippenblüten in Quirlen auf dicht behaarten, aufrechten Trieben.
Pflege: Keine Pflege nötig. Bodennässe meiden.
Verwendung: Als Einfassung und Flächenbildner.

Sorten: 'Cotton Boll' (Foto), wollige Blütentriebe; 'Silver Carpet', wenig blühend.

Purpurglöckchen
Heuchera-Hybriden

S	⇡ 30–60	❀ 6–8	☀-◑

Farbiger Blattschmuck für Flächen und Linien.
Wuchs: Polsterförmig mit rundlichen, gelappten Blättern; je nach Sorte ocker bis fast schwarz, teils mit Zeichnung.
Blüte: Winzig, weiß oder rot, in duftigen Rispen auf straffen Stielen hoch über dem Laubteppich.
Pflege: In rauen Lagen Winterschutz.
Verwendung: Gruppenweise als Einfassung oder am Gehölzrand, auch im Topf.

Sortenbeispiel: 'Beauty Colour' (Foto), rotbraun, silbrig gefleckt.

Pampasgras
Cortaderia selloana

G	⇡⇡ 50–250	❀ 9–10	☀

Eindrucksvoller Exot mit Riesenblüten.
Wuchs: Rundliche Blatthorste aus sehr schmalen, langen Blättern und stattlichen Blütenständen.
Blüte: Sehr große silberweiße Rispe auf straffen Stielen, nur zur Blütezeit ausgebreitet.
Pflege: Nur im Frühjahr pflanzen! Winterlicher Nässeschutz durch Zusammenbinden der Blätter nach oben und eine trockene Umhüllung.
Verwendung: Einzeln als prägende Gartengestalt.

Sorten: 'Pumila', deutlich kompakter, nur 50/120 cm hoch; 'Sunningdale Silver', besonders zierende, 200-250 cm hohe, silberweiße Blütenrispen.

4 Chinaschilf
Miscanthus sinensis

G	⬆ 60–250	✿ 8–10	☀

Üppiges Riesengras als Blickpunkt und Rahmen.
Wuchs: Große, im Alter durch Ausläufer breite
Horste mit schilfartigen, elegant übergeneigten
Blättern. Meist schöne Herbstfärbung.
Blüte: Federartige Blütenrispen an den straffen
Triebenden, je nach Sorte silbrig bis rötlich.
Pflege: Rückschnitt wegen der Winterzierde erst
im Frühjahr. Bei Trockenheit wässern.
Verwendung: Als Solitär, als Blattschmuck- und
Hintergrundpflanzung.

5 Garten-Reitgras
Calamagrostis × acutiflora

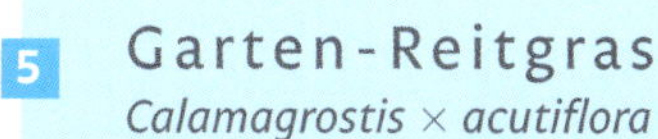
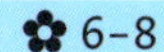
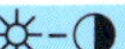

G	⬆ 40–150	✿ 6–8	☀-◑

Wichtiger Strukturbildner im Beet.
Wuchs: Dichte Horste mit schmalen Blättern,
straffe Blütentriebe, goldbraune Herbstfärbung.
Blüte: Cremefarbene Rispe, zur Blütezeit fedrig
ausgebreitet, danach ährenartig schmal.
Pflege: Außer Rückschnitt der alten Halme im
Spätwinter keine Pflege nötig.
Verwendung: Einzeln oder in Gruppen. Vielfältig
kombinierbar, besonders im Herbstbeet.
Hinweis: Gut zur Betonung vertikaler Strukturen.

6 Lampenputzergras
Pennisetum alopecuroides

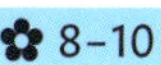

G	⬆ 40–100	✿ 8–10	☀

Sorgt für ruhige, gleichmäßig filigrane Struktur.
Wuchs: Große, halbkugelige Horste mit sehr lan-
gen, bogig überhängenden Blättern. Gelbliche
Herbstfarbe.
Blüte: Walzenförmige rotbraune Ähren, die an lan-
gen Stielen zwischen und über dem Laub sitzen.
Pflege: Ausreichend wässern. Rückschnitt der
schönen Winterwirkung wegen erst im Frühjahr.
Verwendung: Einzeln oder in Gruppen im Beet,
als Solitär, am Gehölz- oder Teichrand.

Südlich – mit mediterranem Flair

Der herbe Duft von Lavendel, Gräser, die in der Hitze flirren, dazu Pflanzen, die sich durch fleischige oder graufilzige Blätter vor der Sommersonne schützen – das sind Eindrücke, die einen Garten oder ein Beet mit Mittelmeer-Flair ausmachen. Wer diese Gewächse erfolgreich bei uns ziehen will, braucht als Grundvoraussetzung einen durchlässigen, eher mageren Boden und natürlich eine sonnige Lage.

Angereichert wird eine solche Mittelmeerpflanzung oder ein Steppenbeet am besten mit niedrigen Zwiebelblumen, vorzugsweise Wildarten, die man direkt dazwischen setzt. Als große Begleitpflanzen bieten sich im Sommer Kübelpflanzen wie Schmucklilie oder Oleander an, sie unterstützen die Stimmung, runden sie ab. Beim Anblick einer solchen Pflanzung kann man sich getrost entspannt zurücklehnen, denn es bleibt nach der Anlage nur wenig zu tun, um sie auf Dauer attraktiv zu halten.

Palisaden-Wolfsmilch und graulaubiger Woll-Ziest sind nur zwei Beispiele, womit man mediterranes Flair erzeugt.

1 Kugeldistel
Echinops ritro

S	⇧ 80–100	✿ 7–9	☼

Faszinierend in Form und Farbe.
Wuchs: Aufrecht mit tief eingeschnittenen, be-stachelten Blättern.
Blüte: Kugelförmiger Blütenstand, vor dem Auf-blühen stahlblau, dann leuchtend blauviolett.
Pflege: Bei Bedarf stützen, sonst keine Pflege.
Verwendung: Sehr schön in sonnigen Beeten und zu Rosen. Auf schwereren Böden nicht standfest.

Sorten: 'Veitch's Blue', stahlblau, reichblütig.

2 Brandkraut
Phlomis russeliana

S	⇧ 60–100	✿ 6–8	☼–◐

Flächendecker mit ungewöhnlichen Blüten.
Wuchs: Breite Horste mit straff aufrechten Trie-ben und großen, zugespitzt eiförmigen, stumpf-grünen Blättern; breitet sich durch Ausläufer langsam aus.
Blüte: Blassgelbe Lippenblüten in dichte Quirlen über den Blattpaaren; attraktive Fruchtstände.
Pflege: Benötigt keine spezielle Pflege.
Verwendung: Einzeln im Steppen- oder Kiesbeet; schön zu Kugeldisteln, Wolfsmilch und Gräsern.

3 Schmucklilie
Agapanthus-Headbourne-Hybriden

S	⇧ 60–80	✿ 7–9	☼

Zierliche Schmucklilie fürs Freiland.
Wuchs: Dichte Horste aus riemenförmigen, glän-zend grünen Blättern und straffen Blütentrieben.
Blüte: Lilablaue Trichter in kugeligen Dolden.
Pflege: Nur im Frühjahr pflanzen. Verblühten Blütenstand abschneiden, trockenen Winter-schutz geben.
Verwendung: Für Rabatten mit Mittelmeer-Flair; schön zusammen mit Spornblume, Wolfsmilch, Lavendel.

Fackellilie
Kniphofia-Hybriden

| S | ⬆ 60–150 | ✿ 6–9 | ☼ |

Exotische Blütenfackeln aus Südafrikas Savannen.
Wuchs: Dichte Horste aus grasartigen wintergrünen Blättern mit straff aufrechten Blütentrieben.
Blüte: Klein, röhrenförmig, in dichten Kolben.
Pflege: Nur im Frühjahr pflanzen; durch Zusammenbinden des Laubs vor Winternässe schützen.
Verwendung: In Gruppen auf durchlässigen Böden; schön zu graulaubigen Bodendeckern, Wolfsmilch und hohen Gräsern. Gute Schnittblume.

Sortenbeispiel: 'Royal Standard' (Foto).

Palisaden-Wolfsmilch
Euphorbia characias subsp. *wulfenii*

| S | ⬆ 80–120 | ✿ 4–6 | ☼ |

Imposante Solitärstaude mit Charakter.
Wuchs: Breite Horste mit bogig aufstrebenden Trieben und blaugrünen, schmalen Blättern.
Blüte: Winzig, mit gelbgrünen Hochblättern, in großen, dichten Walzen an den Triebenden.
Pflege: In raueren Lagen Winterschutz geben oder im Kübel halten, vor Winternässe schützen.
Verwendung: Einzeln als Blickfang oder im Steppenbeet, auf durchlässigem Boden.
Hinweis: Die Pflanze und ihr Milchsaft sind giftig.

Spornblume
Centranthus ruber

| S | ⬆ 50–70 | ✿ 6–9 | ☼ |

Anspruchsloser Dauerblüher für trockene Plätze.
Wuchs: Buschig, reich verzweigt mit graugrünen, eiförmigen Blättern.
Blüte: Karminrot oder weiß, in dichten etagenartigen Rispen.
Pflege: Rückschnitt nach der Blüte.
Verwendung: Für trockenere, auch steinige Böden. Sehr schön zu Gräsern und im Steppenbeet.

Sorten: 'Albus' (Foto), weiß blühend.

4 Bart-Iris, Schwertlilie
Iris-Barbata-Hybriden

| S | 15–120 | 4–6 | ☼ |

Spektakuläre Blüten aus dem sonnigen Süden.
Wuchs: Oberflächennah kriechendes Rhizom
mit schwertförmigen, graugrünen Blättern
Blüte: Aus je 3 aufrechten und 3 herabhängenden Blütenblättern mit »Bart« bestehend; in fast
allen Farbtönen, auch mehrfarbig.
Pflege: Rhizome waagerecht pflanzen und nur
leicht mit Erde bedecken. Verblühtes abschneiden.
Verwendung: In Gruppen auf eher trockenen Böden, zusammen mit Lavendel, Salbei, Gräsern.

Sortenbeispiel: 'Superstichum' (Foto), fast schwarz, 90 cm.

5 Lavendel
Lavandula angustifolia

| S/HStr | 30–60 | 6–8 | ☼ |

Duftender Halbstrauch mit mediterranem Charme.
Wuchs: Rundliche Polster aus am Grund verhol-
zenden Trieben mit schmalem, graugrünem
Laub; immergrün, aromatisch duftend.
Blüte: Kleine Lippenblüten in dichten, lang ge-
stielten Ähren; violett, rosa oder weiß.
Pflege: Regelmäßig im Frühjahr kräftig stutzen.
Blütentriebe nach der Blüte ausschneiden.
Verwendung: Ideal als Beeteinfassung. Schön zu
Spornblume, Iris, Wolfsmilch und Gräsern.

6 Stauden-Lein
Linum perenne

| S | 25–40 | 6–8 | ☼ |

Zarte heimische Wildstaude mit duftigen Blüten.
Wuchs: Lockere Horste mit dünnen, überhängenden Trieben und kurzen, nadelartigen Blättern.
Blüte: Tellerförmig, himmelblau, einzeln und nur
kurz haltbar, aber in großer Zahl.
Pflege: Braucht keine besondere Pflege. Kurzlebig, daher alle 3–5 Jahre nachpflanzen.
Verwendung: Gruppenweise auf trockenen, durchlässigen Böden, im sonnigen Stauden- und Steppenbeet; schön z. B. zu Goldmohn, Gräsern, Iris.

Walzen-Wolfsmilch
Euphorbia myrsinites

| S | ⬆ 15–30 | ✿ 5–6 | ☀ |

Bringt mit ihrer Blattfarbe mediterranen Charakter.
Wuchs: Breite Teppiche aus Kriechtrieben, dicht
mit fleischigen, blaugrünen, rundlich zugespitzten Blättern besetzt; wintergrün.
Blüte: Winzig, mit gelbgrünen Hochblättern, in
kleinen Dolden an den Triebenden.
Pflege: Verkahlte Triebe nach der Blüte stutzen.
Verwendung: An Beeträndern, auf Mauerkronen
und im Steingarten. Schön zu Zwerg-Iris, Lavendel und Frühlings-Zwiebelblumen.
Hinweis: Die Pflanze und ihr Milchsaft sind giftig.

Kriechendes Schleierkraut
Gypsophila repens

| S | ⬆ 10–20 | ✿ 5–7 | ☀ |

Anspruchsloser Blütenschleier für steinige Plätze.
Wuchs: Locker polsterförmig, kriechende Triebe
mit schmal lanzettlichen, graugrünen Blättern.
Blüte: Klein, sternförmig, weiß oder rosa, in lo-
ckeren Rispen schleierförmig über den Polstern.
Pflege: Benötigt keine spezielle Pflege.
Verwendung: Auf Mauerkronen, in Plattenfugen,
im Steingarten. Gut zu schwach wachsenden
Partnern.

Sorten: 'Rosa Schönheit', dunkelrosa; 'Rosea', zartrosa.

Gold-Fetthenne
Sedum floriferum 'Weihenstephaner Gold'

| S | ⬆ 10–15 | ✿ 7–9 | ☀ |

Unkomplizierter, stets attraktiver Bodendecker.
Wuchs: Flache Teppiche aus dicht mit schmalen
elliptischen Blättern besetzten Trieben und schöner roter Herbstfärbung.
Blüte: Kleine gelbe Sternchen in dichten Schir-
men knapp über dem Laub.
Pflege: Braucht keine Pflege.
Verwendung: In Gruppen auf mageren Böden,
am Beetrand, im Steingarten, im Kiesbeet.

4 Blaustrahlhafer
Helictotrichon sempervirens

| G | ⬆ 40–100 | ✿ 7–8 | ☀ |

Eines der wenigen wirklich »blauen« Gräser.
Wuchs: Halbkugelige Horste mit steifen, blau-grauen, borstenförmigen Blättern; wintergrün.
Blüte: Gelbbraune, duftige Rispen über dem Laub.
Pflege: Rückschnitt alter Blätter im Frühjahr.
Verwendung: Einzeln oder in Gruppen auf mageren, durchlässigen Böden, im Steppenbeet.

Sorten: 'Saphirsprudel', etwas robuster und wuchsstärker.

5 Haar-Federgras
Stipa tenuissima

| G | ⬆ 30–80 | ✿ 7–8 | ☀ |

Fasziniert als haarfeiner, aufrechter Gräserbüschel.
Wuchs: Dichte aufstrebende Horste aus eingerollten graugrünen Blättern, überragt von den Blütentrieben.
Blüte: Zarte längliche Rispen mit bis 20 cm langen, silbrig-seidigen Grannen über dem Laub.
Pflege: Keine Pflege nötig.
Verwendung: Kalkhaltige, magere, eher trockene Böden. Schwerere Böden meiden!

6 Blau-Schwingel
Festuca glauca

| G | ⬆ 20–60 | ✿ 6–7 | ☀ |

Bläuliche Farbe und borstige Struktur fürs Beet.
Wuchs: Kleine halbkugelige Horste mit nadelartig abstehenden, grau bis bläulich gefärbten Blättern.
Blüte: Aufrechte, lockere Rispen, nur zur Blüte ausgebreitet, danach verbraunend.
Pflege: Anspruchslos. Blütentriebe nach dem Verblühen abschneiden oder ausreißen.
Verwendung: Magere, durchlässige, auch sandige oder steinige Böden.
Hinweis: Je magerer und sonniger der Standort, desto intensiver die Blattfärbung.

Sorten: 'Azurit', silbrig blau; 'Blaufuchs', intensiv stahlblau.

Japanisch – mit der Ruhe des Zen

Zarte Kirschblüten, üppige Rhododendren und Azaleen in leuchtenden Farben vor grüner Kulisse, grafisch wirkender Bambus, ruhige Kiesflächen und betont gesetzte Steine – das sind wesentliche Elemente, die einen Japan-Gartens ausmachen. Auch Wasser ist ein wichtiger Gestaltungsfaktor, findet sich in Form eines Brunnens oder klaren Teiches. Pflanzen aus dem fernen Osten setzen zusätzliche Akzente, wie z. B. die Strauch-Pfingstrose mit ihren beeindruckend großen Blüten oder die fili-

granen Japan-Anemonen – sie verzaubern den Garten im Herbst mit pastelligen Blütenschalen. Traditionell stellen Japan-Gärten verkleinerte Abbildungen ausgewählter Landschaften dar. Uns Europäer fasziniert die Ruhe und Harmonie, die sie ausstrahlen – ein Zeichen für die Bewusstheit und Sorgfalt, mit der man bei ihrer Gestaltung vorgeht.

Farbkräftige Azaleen vor grüner Kulisse, *Hosta* und Fächer-Ahorn – im Japan-Garten wirkt ein ganz eigenes Flair.

Zier-Kirsche
Prunus serrulata

B	⬆ 3–6 m	✿ 4–5	☀

Damit beginnt in Japan das Gartenjahr.
Wuchs: Kleiner Baum mit sortentypischer Kronen-
form, elliptische Blätter; gelborange Herbstfärbung.
Blüte: Weiße oder rosafarbene, schalenförmige,
teils gefüllte Blüten, erscheinen vor den Blättern.
Pflege: Zu dicht stehende Zweige auslichten.
Wildtriebe am Stammgrund entfernen.
Verwendung: Einzeln als Blickfang.

Sorten: 'Amanogawa', säulenförmig, zartrosa, leicht gefüllt;
'Kanzan' (Foto), trichterförmig, kräftig rosa, dicht gefüllt.

Fächer-Ahorn
Acer palmatum

B	⬆ 1–3 m	✿ 5	☀–◑

Edles japanisches Gartenjuwel.
Wuchs: Kleiner mehrstämmiger Baum, oft breiter
als hoch, mit je nach Sorte grünem oder rotem,
fächerförmig zerteiltem oder geschlitztem Laub.
Blüte: Sehr kleine purpurne Blütchen; geflügelte
rötliche Früchte.
Pflege: Baumscheibe durch Mulchen vor Austrocknung schützen. Nicht schneiden.
Verwendung: Bleibt zeitlebens klein, daher ideal
für kleine Gärten. Schön auch am Teich.

Strauch-Pfingstrose
Paeonia suffruticosa

Str	⬆ 1–2 m	✿ 5–6	☀

Ausnehmend edle Blütenschönheiten.
Wuchs: Rundliche Büsche mit verholzenden Trieben und großen, gefiederten Blättern.
Blüte: Riesige Schalen in Weiß-, Gelb-, Rosa-
und Rottönen, zur Mitte hin oft dunkler gefärbt.
Pflege: Tief pflanzen (ca. 10 cm). Im Frühjahr und
nach der Blüte düngen; Rückschnitt erst im September; in rauen Lagen anfangs Winterschutz.
Verwendung: Einzeln als besonderer Blickfang;
dabei die kurze Blütezeit beachten.

Sortenbeispiel: 'Reine Elisabeth' (Foto).

Rhododendron
Rhododendron-Hybriden

Str	↟ 1–2,5 m	✿ 5–6	◑-●

Immergrüner Leitstrauch mit Asien-Flair
Wuchs: Immergrüne Sträucher mit großen, ellip-
tischen, dunkelgrünen, ledrigen Blättern.
Blüte: Trichter- bis glockenförmig in kugeligen
Dolden, in verschiedenen Rot-, Rosa-, Violett-
und Weißtönen, teils mit Zeichnung.
Pflege: Verblühtes ausbrechen; nicht im Wurzel-
bereich graben (Flachwurzler!).
Verwendung: Auf humose, gleichmäßig feuchte,
saure und möglichst kalkfreie Erde achten.

Japanische Azalee
Rhododendron-Hybriden

Str	↟ 50–150	✿ 5–6	◑-●

Dürfen in keinem Japan-Garten fehlen.
Wuchs: Niedrige kompakte Büsche mit meist
wintergrünen, elliptischen Blättern.
Blüte: Trichter- bis glockenförmig in vielen Farben, bedecken zur Blütezeit den ganzen Strauch.
Pflege: Bei Bedarf wässern; nicht im Wurzelbe-
reich graben (Flachwurzler!); nicht schneiden.
Verwendung: Auf humose, gleichmäßig feuchte,
saure und möglichst kalkfreie Erde achten.

Sorten: 'Diamant'-Gruppe, nur 60–100 cm, besonders kompakte, reichblühende Form, Sorten in verschiedenen Farben.

Herbst-Anemone
Anemone-Japonica-Hybriden

S	↟ 70–120	✿ 8–10	◑

Anmutiger Blütenschmuck mit Stil.
Wuchs: Buschig, mit verzweigten Trieben und gro-
ßen, dreilappigen Blättern; wächst in die Breite.
Blüte: Große, duftige Schalen in Rosa oder Weiß.
Pflege: Bei Trockenheit kräftig wässern. Braucht
im ersten Jahr etwas Winterschutz.
Verwendung: Am Gehölzrand oder in halbschat-
tigen Rabatten. Gut zu kombinieren.

Sorten: 'Honorine Jobert', weiß, großblütig, bewährte Sorte;
'Serenade' (Foto), rosa, halbgefüllt.

4 Wachsglocke
Kirengeshoma palmata

| S | ⬆ 60–100 | ✿ 8–9 | ◐-☀ |

Langlebige, edel wirkende Halbschattenstaude.
Wuchs: Kräftige Horste mit aufrechten Trieben und großen, ahornartig Blättern.
Blüte: Längliche wachsgelbe Glocken in lockeren Trauben über den Laubhorsten.
Pflege: Einmal eingewachsen, nicht nötig.
Verwendung: Einzeln oder in kleinen Gruppen vor Gehölzen, sehr schön zu Herbst-Anemone, Farnen und Gräsern.

5 Astilbe
Astilbe-Hybriden

| S | ⬆ 40–120 | ✿ 6–9 | ◐ |

Leuchtende Farbenpracht am Gehölzrand.
Wuchs: Breite Horste aus aufrechten Trieben mit gefiedertem, gezähntem Laub.
Blüte: Duftige, reichblühende Rispen in Rosa, Weiß oder Rot.
Pflege: Gut wässern und düngen.
Verwendung: Ausreichend luft- und boden-feuchte Standorte wählen. Gruppenweise pflanzen. Sehr schön zu Gräsern und Rhododendren.

Sorten: Verschiedene Gruppen mit unterschiedlicher Blütezeit und Höhe, mit aufrechten oder leicht überhängenden Rispen.

6 Japanische Etagen-Primel
Primula japonica

| S | ⬆ 40–60 | ✿ 6–7 | ◐-● |

Leuchtende Farben für schattig-feuchte Plätze.
Wuchs: Grundständige Rosette aus länglich ei-förmigen, hellgrünen Blättern, aus deren Mitte die straffen Blütenstiele entspringen.
Blüte: Klein, trichterförmig, rot oder weiß, in dichten, übereinander stehenden Quirlen.
Pflege: Vor Trockenheit und Schnecken schützen.
Verwendung: Gruppenweise, auf feuchten bis nassen Böden; schön zu Funkien, Rhododendren und Gräsern und Farnen.

Strauchveronika
Hebe-Hybride

Str	⇧ 20–40	✿ –	☀-◐

Kompakte Blattschönheit für ruhige Strukturen.
Wuchs: Buschiger, gleichmäßig runder Strauch mit verzweigten kurzen Trieben, dicht mit kleinen, lanzettlichen Blättchen besetzt; immergrün.
Blüte: Bildet keine Blüten.
Pflege: Regelmäßig wässern, mäßig düngen, nicht austrocknen lassen; in rauen Lagen Winterschutz.
Verwendung: Als dekoratives Grün, sehr schön zwischen größeren Steinen; ideal auch im Kübel.

Sorten: 'Emerald Green' (= 'Green Globe', Foto), kompakt, frischgrün.

Gelbrinniger Bambus
Phyllostachys aureosulcata

 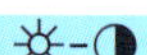

G	⇧ 3–5 m	✿ –	☀-◐

Bambus – der Inbegriff eines Japan-Gartens.
Wuchs: Straff aufrechte, verholzende Halme mit gelber Längsrinne, an den Knoten Verzweigungen mit lanzettlichen dunkelgrünen Blättern.
Blüte: Bildet bisher keine Blüten.
Pflege: Unbedingt mit Rhizomsperre pflanzen! Regelmäßig wässern und düngen.
Verwendung: Anspruchslos, was den Boden betrifft. Für Einzel- oder Gruppenpflanzung geeignet.

Sorten: 'Aureocaulis', mit durchgehend goldgelben Halmen.

Chinaschilf
Miscanthus sinensis

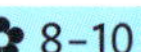 

G	⇧ 60–250	✿ 8–10	☀

Eindrucksvollstes Gartengras mit duftigen Blüten.
Wuchs: Große, im Alter durch Ausläufer breite Horste mit schilfartigen, elegant übergeneigten Blättern. Meist schöne Herbstfärbung.
Blüte: Federartige Blütenrispen an den straffen Triebenden, je nach Sorte silbrig bis rötlich.
Pflege: Rückschnitt wegen der Winterzierde erst im Frühjahr. Bei Trockenheit wässern.
Verwendung: Als Solitär und Hintergrundpflanzung.

4 Gelbbunter Buschbambus
Pleioblastus auricomus

G	⇡ 40–80	✿ —	☀-◐

Attraktiver Zwerg-Bambus, der nicht lästig wird.
Wuchs: Aufrechter, buschiger Bambus mit dichter Belaubung aus hellgelben, grün gestreiften Blättern.
Blüte: Bildet bisher keine Blüten.
Pflege: Rückschnitt im Frühjahr, um die Horste kompakt zu halten.
Verwendung: Schön unter Gehölzen oder als Lichtfleck an geeigneter Stelle, auch im Kübel.
Hinweis: Kaum wuchernde Art!

5 Gelbbuntes Japan-Waldgras
Hakonechloa macra 'Aureola'

G	⇡ 30–50	✿ 8–9	◐

Eleganter Blattschmuck und Blickfang.
Wuchs: Buschige Horste, die sich durch Ausläufer langsam verbreitern. Übergeneigte Triebe mit hellgrünen, breit lanzettlichen, gelb gestreiften Blättern.
Blüte: Lockere Rispen, nur wenig über dem Laub.
Pflege: Leichter Winterschutz in raueren Lagen.
Verwendung: Sehr schön zusammen mit Bambus. Keine zu trockenen Böden wählen.
Hinweis: Vergrünt im tieferen Schatten.

6 Japanisches Blutgras
Imperata cylindrica 'Red Baron'

G	⇡ 30–40	✿ —	☀

Einziger Gräserschmuck in Blutrot.
Wuchs: Lockere, kleine Horste aus aufrechten, breiten Blättern, zunächst hellgrün, bald danach tiefrot gefärbt. Bildet kurze Ausläufer.
Blüte: Blüht in unserem Klima nicht.
Pflege: Braucht eine Abdeckung aus Laub oder Reisig als Winterschutz.
Verwendung: Als Blütenersatz in Gärten, die eher durch Laubschmuck wirken.

Frühling – Lichtblick nach dem Wintergrau

Farbe, Licht und Leben – darauf freut man sich nach langen Wintertagen. Wenn sich die ersten grünen Blattspitzen aus dem Boden schieben, sich die zarten Blüten von Schneeglöckchen und Krokussen entfalten, schlägt das Gärtnerherz höher. Denn dann ist klar: Der Winter ist vorbei. Vorreiter des Frühlings sind stets die Zwiebelblumen. In diesen kleinen Kraftpaketen liegen die fertigen Blüten bereits »vorverpackt« unter der Erde, warten nur noch auf den Startschuss. Damit sie im Frühjahr gut loslegen können, müssen wir bereits im Herbst Vorsorge treffen: Die Zwiebelblumen werden – wie der Gärtner sagt – »gelegt«. Sie kommen in die Erde, um noch vor dem Winter Wurzeln zu bilden.

Neben Krokus und Co. gibt es noch einige weniger bekannte Arten, die den Garten im Frühling verzaubern. Die Strahlen-Anemone z. B. oder, etwas später, die Schachbrettblume. Aber auch die Klassiker Tulpe und Narzisse sind feste Bestandteile im Frühlingsgarten, tupfen Farbe ins Frühlingsbild.

Tulpen satt, eingebettet in Vergissmeinnicht – hier strotzt der Garten im Frühling nur so vor Leben!

Narzissen
Narcissus-Hybriden

Z	↥ 30–60	✿ 3–5	☀–◐

Zusammen mit Tulpen ein Klassiker im Frühling.
Wuchs: Mehrtriebige Zwiebelpflanze mit riemen-
förmigen Blättern, die spät einziehen.
Blüte: Sternförmig mit Nebenkrone, gelb, orange
oder weiß, auch zweifarbig und gefüllt.
Pflege: Ausreichend feuchte Böden wählen; welke
Blütentriebe abschneiden, Laub einziehen lassen.
Verwendung: Gruppenweise im Beet, in der
Blumenwiese (verwildern!) oder unter Gehölzen.

Sorten: Die zahllosen Sorten werden in Klassen eingeteilt,
darunter Trompeten-, Groß- und Kleinkronige sowie Gefüllte
Narzissen ('Sir Winston Churchill', weiß, 'Tahiti', gelb, s. Foto).

Tulpen
Tulipa-Hybriden

Z	↥ 20–60	✿ 3–5	☀

Ihre Leuchtkraft bringt Farbenfreude im Frühling.
Wuchs: Ein- oder mehrtriebige Zwiebelblume
mit spitz-zungenförmigem, blaugrünen Blättern.
Blüte: Kelchförmig auf straffen Stielen, in vielen
Farben, meist Gelb, Orange, Rot oder Weiß, auch
mehrfarbig, gefüllt oder gefranst.
Pflege: Ab und zu düngen, Blätter einziehen las-
sen. Nicht am gleichen Standort nachpflanzen.
Verwendung: Gruppenweise im Beet, gemischt
unter sich oder mit anderen Frühlingsblühern.

Sorten: Große Auswahl u. a. an Frühen, Späten, Lilienblütigen
und Gefüllten Tulpen. Botanische Tulpen sind zierlicher, z. B.
die *T.*-Kaufmanniana-Hybriden (»Seerosen-Tulpen«, Foto), nur
20–30 cm, 3–4.

Bergenie
Bergenia-Hybriden

S	↥ 30–40	✿ 4–5	◐

Sehr anspruchsloser, langlebiger Frühjahrsblüher.
Wuchs: Durch Rhizome langsam kriechend;
große, ledrige, rundliche Blätter; immergrün.
Blüte: Trichterförmig, rot, rosa oder weiß.
Pflege: Im Frühjahr altes Laub abschneiden.
Verwendung: Als Beeteinfassung, an Treppen,
auf Mauern oder vor Gehölzen.

Nieswurz, Lenzrose
Helleborus-Orientalis-Hybriden

S_	⬆ 30–40	✿ 2–4	◑

Zarter Frühlingsblüher in aparten Farben.
Wuchs: Langlebige kompakte Horste mit krie-
chendem Rhizom und fächerförmig zerteilten,
ledrigen Blättern; wintergrün.
Blüte: Nickende Schalenblüten in Rot, Rosa;
Weiß oder auch Gelb, oft kontrastierend gepunk-
tet oder geadert, teilweise gefüllt.
Pflege: Alte Blätter im Frühjahr abschneiden;
nicht verpflanzen oder teilen, ungestört lassen.
Verwendung: Vor und unter Gehölzen; schön mit
Farnen, Gräsern und Zwiebelblumen.
Hinweis: Alle Teile der Pflanze sind giftig! Versa-
men sich gerne und ändern dabei oft die Farbe.

Sorten: Es gibt ständig neue Sorten, oft ohne Namen.

Frühlings-Knotenblume
Leucojum vernum

Z	⬆ 15–30	✿ 2–4	◑-●

Anspruchslose heimische Frühlingsblume.
Wuchs: Sich durch Brutzwiebeln verbreitende
Zwiebelpflanze mit riemenförmigen Blättern.
Blüte: Breitrunde, hängende schneeweiße
Glocken mit grünen Spitzen, duftend.
Pflege: Feucht-kühle Plätze wählen. Ab und zu
organisch düngen, sonst keine Pflege nötig.
Verwendung: In Gruppen unter Gehölzen oder
an schattigen Plätzen in Teichnähe.

Gedenkemein
Omphalodes verna

S	⬆ 15–20	✿ 3–5	◑-●

Sauber wirkender Flächendecker unter Gehölzen.
Wuchs: Durch Ausläufer Teppiche bildend; Triebe
mit zugespitzt-eiförmigen Blättern.
Blüte: Lilablau, selten weiß, wie große Vergiss-
meinnicht-Blüten, zahlreich in den Blattachseln.
Pflege: Benötigt keine besondere Pflege.
Verwendung: In größeren Gruppen am Gehölz-
rand. Passt gut zu anderen Frühlingsblühern.

4 Traubenhyazinthe
Muscari armeniacum

Z	⬆ 15–25	✿ 4–5	☀–◑

Guter Partner für höhere Frühlingsblüher.
Wuchs: Mehtriebige Zwiebelblume mit grasartigem Laub, das im Herbst austreibt; mit der Zeit teppichbildend.
Blüte: Dichte kegelförmige Trauben aus kleinen, blauen Glöckchen mit weißem Rand, selten weiß.
Pflege: Benötigt keine Pflege.
Verwendung: Gruppenweise, im Beet oder als Einfassung, zusammen mit anderen Frühlingsblühern; sehr schön zu Tulpen und Narzissen.

5 Strahlen-Anemone
Anemone blanda

Z	⬆ 15–25	✿ 3–4	◑

Niedrige Teppiche voller zarter Blütensterne.
Wuchs: Knollenpflanze mit einzelnen, kurzen Trieben und dreiteiligen, gelappten Blättern.
Blüte: Groß, sternförmig, mit vielen Strahlen, in Blau, Rosa oder Weiß.
Pflege: Die Knollen vor dem Pflanzen wässern. In rauen Lagen leichten Winterschutz geben.
Verwendung: In Gruppen unter Gehölzen zusammen mit anderen Frühlingsblühern.

Sorten: 'Radar', violettrosa; 'White Splendour', weiß.

6 Schneeglöckchen
Galanthus nivalis

Z	⬆ 10–15	✿ 2–3	◑

Das Symbol für das erwachende Frühjahr.
Wuchs: Eintriebige Zwiebelblume mit linealischen, blaugrünen Blättern.
Blüte: Hängende schneeweiße Glöckchen, innen mit grünen Flecken, auch gefüllt.
Pflege: Benötigt keine Pflege.
Verwendung: In kleinen Gruppen am Gehölzrand oder im Rasen, mit anderen Frühlingsblühern.
Hinweis: Lassen sich nach der Blüte gut teilen.

Sorten: nur bei Spezialisten erhältlich. 'Flore Pleno', gefüllt.

Netz-Iris
Iris reticulata 

| Z | ⬆ 10–20 | ✿ 3–4 | ☀ |

Miniatur-Iris für den Frühlingsgarten.
Wuchs: Eintriebige Zwiebelpflanze mit grasartigen, kantigen Blättern.
Blüte: Kleine blauviolette Irisblüte mit gelbem Mittelstreif und Zeichnung auf der Lippe.
Pflege: Ab und zu düngen, in rauen Lagen leichten Winterschutz geben.
Verwendung: In kleinen Gruppen am Beetrand oder im Steingarten, schön auch im Topf; schön zusammen mit Bunten Krokussen und Wildtulpen.

Sibirischer Blaustern
Scilla siberica

| Z | ⬆ 10–150 | ✿ 3–5 | ☀–◐ |

Zarte Blütenteppiche, ideal als Unterpflanzung.
Wuchs: Mehrtriebige Zwiebelpflanze mit breit linealischem Laub, bildet reichlich Tochterzwiebeln.
Blüte: Blauviolette oder weiße hängende Blütensterne in lockeren Trauben.
Pflege: Benötigt keine Pflege.
Verwendung: Gruppenweise im Beet, im Steingarten oder am Gehölzrand; sehr schön zu Tulpen.

Sorten: 'Alba', weiß; 'Spring Beauty', kräfig blau, beste Sorte.

Bunter Krokus
Crocus chrysanthus 

| Z | ⬆ 5–10 | ✿ 2–4 | ☀ |

Zierlicher Krokus in vielen klaren Blütenfarben.
Wuchs: Eintriebige Knollenpflanze mit grasartigem Laub.
Blüte: Kurzröhrige Trichterblüten in Gelb-, Creme-, Blau- und Violetttönen, teils gestreift.
Pflege: Benötigt keine Pflege.
Verwendung: In kleinen gemischten Gruppen auf sonnigen Rasenflächen oder im Steingarten.

Sorten: 'Cream Beauty', cremefarben; 'E. P. Bowles', dottergelb; 'Pins Claus', weiß, außen lilablau gefleckt; 'Snowbunting', weiß.

4 Elfen-Krokus
Crocus tommasinianus

| Z | ⇧ 5–10 | ✿ 2–4 | ☀-◑ |

<u>Der</u> Krokus zum Verwildern.
Wuchs: Eintriebige Knollenpflanze mit grasartigem Laub und feinem weißem Mittelstreifen, bildet reichlich Tochterknollen.
Blüte: Langröhrige, zarte, hellviolette Trichterblüten.
Pflege: Benötigt keine Pflege.
Verwendung: Gruppenweise unter Gehölzen oder auf nicht zu trockenen Rasenflächen.

5 Winterling
Eranthis hyemalis

| Z | ⇧ 5–10 | ✿ 2–3 | ◑-● |

Einer der allerersten Frühlingsboten im Garten.
Wuchs: Knollenpflanze mit kurzen Ausläufern und handförmigen, tief zerschlitzten Blättern.
Blüte: Leuchtend gelbe Schalen mit halskrausenartigen Hochblättern.
Pflege: Benötigt keine Pflege.
Verwendung: Gruppenweise im Beet, unter Gehölzen oder im lückigen Rasen.

6 Duft-Veilchen
Viola odorata

| S | ⇧ 10–15 | ✿ 3–5 | ☀-◑ |

Die duftenden Blüten läuten den Frühling ein.
Wuchs: Kleine Horste mit rundlich-herzförmigen Blättern; bilden durch Ausläufer mit der Zeit kleine Flächen.
Blüte: Duftende violette Veilchenblüte, auch in Weiß.
Pflege: Bei trockenem Frühjahr wässern; sonst keine Pflege.
Verwendung: Gruppenweise unter lichten Gehölzen auf nicht zu trockenem Boden, schön mit Krokussen und Schneeglöckchen.

Sorten: 'Alba', weiß.

Herbst – Ausklang
mit warmen Farben

Erdige Braun- und feurige Rottöne: Das sind die Farben, mit denen der Garten das Ende seiner Saison feiert. Jetzt ist nochmal Zeit für optische Genüsse – mit üppigen Herbst-Astern, prächtigen Dahlien und farbenfrohen Herbst-Chrysanthemen. Als Farbträger spielen diese drei die Hauptrolle im herbstlichen Garten. Neben den opulenten Zuchtformen der Herbst-Astern gibt es auch interessante Wildarten unter den Astern zu entdecken, deren graziler Wuchs manches Beet gelungen auflockert. Dagegen wollen Dahlien und Chrysanthemen meist eine Einzelstellung außerhalb des Beetes.

Gräser sollten in keinem Herbstgarten fehlen. Sie bringen durch die Brauntöne ihrer Horste optische Wärme in die Gesamtgestaltung – und sorgen mit duftigen Blütenschleiern dafür, dass sich die einzelnen Farbtöne von Astern und Co. gut voneinander abheben.

Fetthenne, Kissen-Astern, duftige Gräser – der Herbst schließt das Gartenjahr mit warmen Farben ab.

1 Oktober-Silberkerze
Cimicifuga (jetzt: *Actaea*) *simplex*

S | ↑ 120–140 | ❀ 9–10 | ◑-●

Markanter Herbstblüher für den Schattengarten.
Wuchs: Aufrechte Horste mit großen, mehrfach gefiederten Blättern an straff aufrechten Trieben.
Blüte: Weiße, schlank walzenförmige Kerzen weit über dem Laub.
Pflege: Die langlebigen Pflanzen möglichst an ihrem Platz belassen. Bei Trockenheit wässern.
Verwendung: In kleinen Gruppen zusammen mit Gräsern, Farnen und Schattenstauden.

Ähnliche Art: *C. racemosa*, früher blühend (7–8) und bis 180 cm.

2 Herbst-Aster, Raublatt-Aster
Aster novae-angliae

S | ↕↑ 50–150 | ❀ 9–10 | ☼

Robuste und wenig wuchernde Herbst-Aster.
Wuchs: Große, straffe Horste aus aufrechten Trieben mit rauen, lanzettlichen Blättern.
Blüte: Körbchenblüten in dichten, kuppelförmigen Rispen in Rosa, Rot- und Violetttönen sowie Weiß.
Pflege: Bei Trockenheit gründlich wässern; bei Bedarf stäben.
Verwendung: Im Hintergrund herbstlicher Staudenbeete, zu Gräsern und anderen Astern.

Sorten: 'Andenken an Alma Pötschke' (Foto), leuchtend rosa, 120 cm; 'Barr's Blue', blauviolett; 150 cm; 'Herbstschnee', weiß, 130 cm.

3 Oktobermargerite
Leucanthemella serotina 'Herbststern'

S | ↑ 120–150 | ❀ 9–10 | ☼

Herrlicher Herbstblüher in klarem Weiß.
Wuchs: Straffe Horste aus aufrechten, lanzettlich beblätterten Trieben.
Blüte: Zahlreiche mittelgroße, weiße Margeritenblüten an den verzweigten Stielenden.
Pflege: Braucht kaum Pflege, bei Bedarf stützen.
Verwendung: Wunderbare Beetstaude, die zu den meisten anderen Herbstblühern passt.

Herbst-Eisenhut
Aconitum carmichaelii

S   ↑ 120–150   ✿ 9–10   ◐-●

Imposanter später Herbstblüher.
Wuchs: Aufrechte Horste aus straffen Trieben mit handförmigen, tief zerteilten Blättern.
Blüte: Leuchtend blau, helmförmig, in kegelförmigen Rispen an den Triebenden.
Pflege: Bei Trockenheit wässern; gut düngen.
Verwendung: Kühle, nährstoffreiche Plätze; wunderbar mit Herbst-Anemonen und Silberkerzen.
Hinweis: Alle Teile sind stark giftig!

Sorten: 'Arendsii', blauviolett, bewährte Sorte.

Herbst-Anemone
Anemone-Japonica-Hybriden

S   ↑ 70–120   ✿ 8–10   ◐

Anmutiger, langlebiger Herbstblüher.
Wuchs: Breitbuschig, mit verzweigten Trieben und großen, dreilappigen Blättern.
Blüte: Große, zarte Schalen in Rosa oder Weiß.
Pflege: Bei Trockenheit kräftig wässern. Braucht im ersten Jahr etwas Winterschutz.
Verwendung: Am Gehölzrand oder in halbschattigen Rabatten, nicht auf zu trockenen Böden.

Sorten: 'Honorine Jobert' (Foto), weiß, großblütig, bewährte Sorte; 'Königin Charlotte', rosa, halbgefüllt; 'Rosenschale', rosa mit dunklem Rand.

Myrten-Aster
Aster ericoides

S   ↑ 70–120   ✿ 10–11   ☼

Überreich und spät blühende Herbst-Aster.
Wuchs: Buschige, dichte Horste aus stark verzweigten Trieben mit feinen Blättern.
Blüte: Zarte, kleine Körbchenblüten in dichten Rispen in Violett-, Rosa- und Weißtönen.
Pflege: Bei Trockenheit wässern; ausreichend düngen; bei Bedarf stäben.
Verwendung: Vielseitiger Partner für Herbstbeete, sehr schön in Trockensträußen.

4 Dahlie
Dahlia-Hybriden

| Z | ⇧⬆ 30–150 | ✿ 7–10 | ☼ |

Wunderbare Prachtblüher für den Herbstgarten.
Wuchs: Große Knollenpflanze mit spitz-eiförmigen Blättern und straffen Blütentrieben.
Blüte: Große Körbchenblüten in fast allen Farben, von ungefüllt bis dicht pomponartig gefüllt.
Pflege: Ende April pflanzen. Kräftig wässern, mäßig düngen, bei Bedarf stützen. Triebe nach der Blüte abschneiden, Knollen frostfrei lagern.
Verwendung: Gruppenweise im Beet oder am Zaun, auch im Topf; schön zu Gräsern.

Sorten: Die Palette ist unüberschaubar groß und wird in Klassen eingeteilt. Wählen Sie frei nach Geschmack und Gartentyp.

5 Fallschirm-Rudbeckie
Rudbeckia nitida 'Herbstsonne'

| S | ⬆ 160–200 | ✿ 8–9 | ☼ |

Eindrucksvoller Herbstblüher der Bauerngärten.
Wuchs: Horstartige Riesenstaude mit straffen Trieben und großen, breit-lanzettlichen Blättern.
Blüte: Große gelbe Körbchenblüten mit hängenden Randblüten und grünlicher Mitte.
Pflege: Ausreichend wässern, bei Bedarf stützen.
Verwendung: Als Solitär oder Hintergrund.

6 Herbst-Chrysantheme
Chrysanthemum-Indicum-Hybriden

| S | ⬆ 40–100 | ✿ 9–11 | ☼ |

Überreich und in leuchtenden Farben blühend.
Wuchs: Breit horstartig, aufrechte Triebe mit rundlichen, tief eingeschnittenen Blättern.
Blüte: Einfache bis pomponartig gefüllte Körbchenblüten in fast allen Farbtönen.
Pflege: Im Frühjahr pflanzen. Regelmäßig düngen; leichten Winterschutz geben, bei Bedarf stützen. (Winter)nasse Standorte meiden!
Verwendung: Gruppenweise in Rabatten, sehr schön zu Gräsern. Hervorragende Schnittblume.

Sorten: Großes Sortiment mit verschiedenen Farben, Füllungen und Blühzeiten. Im Foto: die neuere Sorte 'Macau'.

Purpur-Fetthenne
Sedum telephium

S	⇧ 50–60	✿ 8–10	☼

Blütenschmuck bis in den Winter hinein.
Wuchs: Breite Horste aus aufrechten Trieben mit fleischigen, ovalen, graugrünen Blättern.
Blüte: Klein, sternförmig, in schirmförmigen Dolden über den Trieben; altosa bis rostrot gefärbt.
Pflege: Keine besondere Pflege. Rückschnitt erst im Frühjahr, da auch im Winter attraktiv.
Verwendung: Vielseitig kombinierbar, zu Herbst-Astern und Gräsern, aber auch zu Rosen.

Sorten: 'Herbstfreude', braunrot; *S.*-Hybride 'Matrona', rosa (links bzw. rechts im Foto).

Kissen-Aster
Aster-Dumosus-Hybriden

S	⇧ 20–40	✿ 9–10	☼

Niedrige, äußerst üppig blühende Herbst-Aster.
Wuchs: Dichte, kissenförmige Horste, durch Ausläufer teppichbildend.
Blüte: Dichter Mantel aus Körbchenblüten in Rosa, Rot-, Blau- und Violetttönen sowie Weiß.
Pflege: Bei Trockenheit gründlich wässern, um Mehltau vorzubeugen; ausreichend düngen.
Verwendung: Schön zu höheren Herbst-Astern und Gräsern.

Sorten: 'Herbstfeuer', rotviolett; 'Kristina', weiß; 'Pink Topaz' (Foto), blauviolett; 'Prof. A. Kippenberg', blauviolett.

Chinaschilf
Miscanthus sinensis

G	⇧ 60–250	✿ 8–10	☼

Im Herbst eines der schönsten Gartengräser.
Wuchs: Große, im Alter durch Ausläufer breite Horste mit schilfartigen, elegant übergeneigten Blättern. Meist schöne Herbstfärbung.
Blüte: Federartige Blütenrispen an den straffen Triebenden, je nach Sorte silbrig bis rötlich.
Pflege: Rückschnitt erst im Frühjahr.
Verwendung: Als Solitär, als Blattschmuck- und Hintergrundpflanzung.

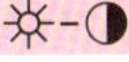 Riesen-Pfeifengras
Molinia arundinacea

G | ↕ 40–240 | ✿ 8–10 | ☀–◑

Echtes Riesengras mit übergroßer Blütenfülle.
Wuchs: Aufrechte, lockere Horste mit überhängenden, breit linealischen Blättern.
Blüte: Stark verzweigte, sehr große Blütenrispen an straff aufrechten Stielen hoch über dem Laubhorst. Schöne warme Herbstfärbung.
Pflege: Kaum Bedarf. Blütentriebe wegen der dekorativen Wirkung über Winter stehen lassen.
Verwendung: Passt sich an alle Böden an; schön in der Nähe herbstfärbender Gehölze.

Ruten-Hirse
Panicum virgatum

G | ↕ 60–150 | ✿ 7–9 | ☀

Herbstfärbung wie im Indian Summer.
Wuchs: Aufrechte Horste mit schmal linealischen Blättern, die sich je nach Sorte ab Spätsommer goldgelb bis tiefrot verfärben.
Blüte: Perlförmig in reich verzweigten, feinstieligen Rispen hoch über dem Laubhorst.
Pflege: Keine besondere Pflege nötig.
Verwendung: Schöner Begleiter für Staudenrabatten, besonders wirkungsvoll im Herbst.

Sorten: 'Hänse Herms' (= 'Rotstrahlbusch'), leuchtend rot; 'Strictum', steifer aufrecht und höher, ockergelb.

Diamantgras,
Calamagrostis (Syn.: Achnatherum) brachytricha

G | ↕ 50–100 | ✿ 8–10 | ☀

Glitzerndes Schmuckstück im Beet.
Wuchs: Breitrunde Horste aus dunkelgrünen schmalen Blättern, überragt von den dicht stehenden Blütentrieben.
Blüte: Feine kegelförmige, silbrig- bis braunrosa gefärbte Rispen über dem Horst.
Pflege: Kaum Pflege. Die Blütentriebe den über Winter stehen lassen, wirken sehr dekorativ.
Verwendung: Einzeln oder in Gruppen im Beet, passt als Begleiter zu vielen Blütenstauden.

Ziergehölze

Lorenz von Ehren
Maldfeldstraße 4
21077 Hamburg
Tel.: 040 / 76 10 8-0
www.lve.de

H. Hachmann Baumschule
Brunnenstr. 68
25355 Barmstedt
Tel.: 0 41 23 / 20 55
www.hachmann.de
(Rhododendren)

Bruns Pflanzen-Export
Johann-Bruns-Allee 1
26160 Bad Zwischenahn
Tel.: 0 44 03 / 6 01-0
www.bruns.de

Baumschulen Huben
Schriesheimer Fußweg 7
68526 Ladenburg
Tel.: 0 62 03 / 92 80 0
www.huben.de

Wörlein Baumschulen
Baumschulweg 9
86911 Dießen
Tel.: 0 88 07 / 92 10-0
www.woerlein.de

Rosen

Rosarot Pflanzenversand
Besenbek 4b
25335 Raa-Besenbek
Tel.: 0 41 21 / 42 38 84
www.rosenversand24.de

W. Kordes' Söhne
Rosenstraße 54
25365 Klein Offenseth-
Sparrieshoop
Tel.: 0 41 21 / 48 70-0
www.kordes-rosen.com

Rosenwelt Tantau
Tornescher Weg 13
25436 Uetersen
Tel.: 0 41 22 / 70 84
www.rosen-tantau.de

Noack-Rosen
Im Fenne 54
33334 Gütersloh
Tel.: 0 52 41 / 2 01 87
www.noack-rosen.de

Rosenhof Schultheis
Bad Nauheimer Straße 3-7
61231 Bad Nauheim-
Steinfurth
Tel.: 0 60 32 / 8 10 13
www.rosenhof-schultheis.de

Österreich

Grumer Rosen
Raasdorfer Straße 28-30
A-2285 Leopoldsdorf
Tel.: +43 / 22 16 / 2 22 30
www.grumer.at

Schweiz

Richard Huber AG
Rothenbühl 8
CH-5605 Dottikon AG
Tel.: +41 / 56 / 6 24 18 27
www.rosen-huber.ch

Clematis

F. M. Westphal
Clematiskulturen
Peiner Hof 7
25497 Prisdorf
Tel.: 0 41 01 / 7 41 04
www.clematis-westphal.de

Stauden

Foerster-Stauden
Am Raubfang 6
14469 Potsdam-Bornim
Tel.: 03 31 / 52 02 94
www.foerster-stauden.de

Staudengärtnerei Bornhöved
Plöner Str. 10
24610 Bornhöved
Tel.: 0 43 23 / 65 80
www.staudengaerten.de

Friesland Staudengarten
Uwe Knöpnadel
Husumer Weg 16
26441 Jever-Rahrdum
Tel.: 0 44 61 / 37 63
www.friesland-staudengarten.de

Richard Klose
Rosenstraße 10
34253 Lohfelden
Tel.: 05 61 / 5 15 55
www.staudengaertner-
klose.de

Arends Maubach
Monschaustr. 76
42369 Wuppertal
Tel.: 02 02 / 46 46 10
www.arends-maubach.de

Kayser & Seibert
Wilhelm-Leuschner-Str. 85
64380 Rossdorf
Tel.: 061 51 / 90 68
www.kayserundseibert.de

Staudengärtnerei
Gräfin von Zeppelin
Weinstr. 2
79295 Sulzburg-Laufen
Tel.: 0 76 34 / 6 97 16
www.graefin-v-zeppelin.com

Staudengärtnerei
Dieter Gaissmayer
Jungviehweide 3
89257 Illertissen
Tel.: 0 73 03 / 72 58
www.staudengaissmayer.de

Österreich

Praskac Pflanzenland
A-3430 Tulln/Donau
Tel.: +43 / 22 72 / 62 46 00
www.praskac.at

Stauden Feldweber
A-4974 Ort im Innkreis
Tel.: +43 / 77 51 / 83 20
www.feldweber.com

Sarastro Stauden
Ort 131
A-4974 Ort im Innkreis
Tel.: +43 / 77 51 / 84 24
www.sarastro-stauden.com

Schweiz

Staudengärtnerei
Hansuli Friedrich
CH-8476 Stammheim
Tel.: +41 / 52 / 7 44 00 44

Zwiebelblumen

Albrecht Hoch
Postdamer Str. 40
14163 Berlin
Tel.: 0 30 / 8 02 62 51
www.albrechthoch.de

Blumenzwiebeln Horst Gewiehs
Postfach 30
37285 Wehretal
Tel.: 0 56 51 / 33 62 49

Sommerblumen

(Ein- und Zweijährige)

Treppens
Berliner Str. 84-88
14169 Berlin
Tel.: 030 / 8 11 33 36
www.treppens.de

Bruno Nebelung
Kiepenkerl Pflanzenzüchtung
Postfach 1263
48348 Everswinkel
Tel.: 0 25 82 / 67 00
www.kiepenkerl.de

Die Blumenschule
Engler & Friesch
Augsburger Str. 62
86956 Schongau
Tel.: 0 88 61 / 73 73
www.blumenschule.de

Bambus

Bambus-Centrum Deutschland
Baumschule Eberts
Saarstr. 3-5
76532 Baden-Baden
Tel.: 0 72 21 / 50 74-0
www.bambus.de

Über die Autoren

Dr. Thomas Hagen ist Diplom-Biologe. Seine Begeisterung gilt den Pflanzen, dem Garten und der Natur sowie der Fotografie. Besonders liegen ihm dabei sowohl die Rosen als auch die ganze Welt der Stauden am Herzen. Seit über 13 Jahren betreut er beim BLV-Buchverlag als Lektor und Programmleiter das Gartenbuchprogramm und sorgt dort für informative Bücher mit hohem ästhetischem Anspruch.

Ursel Borstell hat an der Folkwang-Schule in Essen Foto- und Grafikdesign bei einem der wichtigsten deutschen Grafik-Designer, Professor Willy Fleckhaus, studiert und zählt bereits seit vielen Jahren zu den gefragtesten Gartenfotografinnen Deutschlands. Schwerpunkte der leidenschaftlichen Gärtnerin sind Garten- und Stilllife-Fotografie; ihre Bilder werden in zahlreichen renommierten Zeitschriften und Büchern veröffentlicht.

Die Fotografin Ursel Borstell dankt allen Gartenbesitzern und -besitzerinnen sowie Gärtnereibetrieben ganz herzlich, dass sie in deren Gärten und Anlagen fotografieren durfte.

Meiner Frau in Liebe für ihre stets konstruktive, erfrischende und kritische Unterstützung.

Bibliographische Information der
Deutschen Nationalbibliothek

Die Deutsche Nationalbibliothek verzeichnet diese Publikation in der Deutschen Nationalbibliografie; detaillierte bibliografische Daten sind im Internet über http://dnb.d-nb.de abrufbar.

2. Auflage, Neuausgabe

BLV Buchverlag GmbH & Co. KG
80797 München

© 2010 BLV Buchverlag GmbH & Co. KG, München

Bildnachweis:
Alle Fotos von U. Borstell, außer: Brand 155o; Hagen 40u; Reinhard 137o; Seidl 27u, 41u, 41o

Umschlagfotos: Ursel Borstell
Lektorat: Dr. Thomas Hagen
Herstellung: Ruth Bost
Layoutkonzept Innenteil: Sabine Fuchs, fuchs_design, München
Satz und Layout: Uhl + Massopust, Aalen

Gedruckt auf chlorfrei gebleichtem Papier

Printed in Germany
ISBN 978-3-8354-0676-6

Der Pflanzendoktor für den Zier- und Nutzgarten

Dorothea und Peter Baumjohann

Was fehlt meiner Gartenpflanze?

Die wichtigsten Gartenpflanzen – jeweils mit ihren typischen Schädlingen und Krankheiten · Die besten biologischen, chemischen und physikalischen Schutzmaßnahmen sowie das Vorbeugen von Pflegefehlern · Mit »Zeitleiste«, in welchem Monat die jeweilige Pflanze gefährdet und zu behandeln ist.
ISBN 978-3-8354-0675-9

Bücher fürs Leben. blv